Tierra, mar y aire

Tierra, mar y aire

Patricia Campos Doménech

Rocaeditorial

© Patricia Campos Doménech, 2016

Primera edición: junio de 2016

© de esta edición: Roca Editorial de Libros, S. L.
Av. Marquès de l'Argentera 17, pral.
08003 Barcelona.
actualidad@rocaeditorial.com
www.rocalibros.com

Impreso por LIBERDÚPLEX, s.l.u.
Crta. BV-2249, km 7,4, Pol. Ind. Torrentfondo
Sant Llorenç d'Hortons (Barcelona)

ISBN: 978-84-16498-12-3
Depósito legal: B. 10.182-2016
Código IBIC: BGA

RE98123

INTRODUCCIÓN

Soy una mujer y me siento feliz por ello. He vivido siempre en un mundo de hombres intentando romper las barreras mentales que nos hemos impuesto como sociedad. He cumplido mis sueños y sé que me quedan muchos otros por cumplir. Soy una mujer fuerte. Nunca me han importado el sexo, el color o la religión de las otras personas, solo su necesidad de amar y ser amadas, de escuchar y ser escuchadas, de comprender y ser comprendidas.

Jamás me olvidé de mis sueños de infancia: quise jugar al fútbol con los niños de mi pueblo y fui una de las mejores, me propuse ser piloto militar y logré pilotar reactores, quise dedicarme al fútbol profesional y ahora entreno a niñas en Estados Unidos; apostando por llevar mi experiencia en el fútbol en África para mejorar el día a día de las chicas a pesar de todas las dificultades. Aprendí de todas estas experiencias.

He sufrido la homofobia y el machismo pero los he superado con el fin de ser mejor persona, de llegar más lejos… No por los otros sino por mí misma, para comprender que siempre hay un lugar en el mundo para nosotros, seamos quienes seamos y amemos a un hombre o a una mujer. He buscado la comprensión, la amistad y el amor y los he encontrado a lo largo de mi vida en mis compañeros de universidad, de trabajo, en los equipos de fútbol en los que he jugado, en el Ejército y entre mis amigos y la familia.

Nunca he querido rendirme, no va con mi espíritu. Soy rebelde y me gusta. Sé que a veces es muy difícil seguir adelante pese a todo, por el que dirán, por lo que pensamos de nosotros mismos... todas estas barreras y límites mentales que nos imponemos sin saberlo y que frenan nuestra evolución como personas. Pero puedo decir que he superado todos estos límites y gracias a ello he conocido a gente impresionante y he vivido cosas que nunca habría soñado.

Me he atrevido a pensar a lo grande, a creer que una mujer podía ser piloto; ¿por qué no? Que una mujer podía dedicarse profesionalmente al fútbol; ¿quién se lo impide? Que una mujer sola podía cambiar un pequeño rincón de África, quizá solo la mentalidad de unas pocas personas, pero ¿no vale la pena, al fin?

He sufrido, he llorado, he amado y he odiado pero sobre todo he sido y me enorgullezco de ser Patricia Campos, una mujer que ha logrado alcanzar siempre las metas que se ha impuesto, pese a todo y pese a todos. Porque al fin y al cabo nuestra historia es la que vamos escribiendo a lo largo de la vida y, cuando miramos atrás, debemos sentirnos orgullosos de lo que hemos hecho pero, sobre todo, de lo que hemos sido.

Soy mujer, amante, amiga y profesional, también

soy hija y hermana, tengo un pasado que me ha hecho ser quien soy y un futuro aún por hacer. Soy una mujer que lucha por sus sueños en Onda, Valencia, Estados Unidos o África. Una mujer que no se rinde porque todavía quedan muchas barreras por superar y muchos mitos que hay que romper.

11

1

La vida que nunca fue

«Por el bulevar de los sueños rotos moja una lágrima
antiguas fotos y una canción se burla del miedo.»

Joaquín Sabina, *Por el bulevar de los sueños rotos*

* * *

Cuando estaba en el vientre de mi madre, inocentemente a la deriva en el líquido amniótico, ella creyó oír un gatito llorando, atrapado, que quería salir. Pasó horas buscándolo detrás de los muebles, dentro de los cajones, incluso debajo de la alfombra. Cuando se convenció de que en el piso no había ningún gatito, preguntó a las vecinas. Nadie sabía nada. «Te estás imaginando cosas», le dijeron. Pero ella seguía oyendo el lamento y bajó al sótano para preguntarle al encargado de mantenimiento, un hombre mayor que consideraba un derecho laboral dormir mucho y trabajar poco, si él también había oído algo. Nada. Acabó rendida y finalmente se durmió, pero cuando despertó a medianoche seguía con ese sonido dentro de la cabeza y ahora sabía por qué: era yo, su hija, llamándola desde el vientre. No se había dado cuenta de que estaba embarazada hasta ese momento.

Mi nombre es Patricia. Nací en 1977 en Castellón, aunque crecí en Onda, una pequeña localidad en el interior de la provincia. Desde el principio fui un problema. De alguna manera, no podía ser lo que otros querían que fuera a pesar de que lo intentaba. A veces me sentía culpable, pero no siempre.

Cuando la comadrona le dijo que había tenido una niña, mi madre empezó a llorar. Tenía ya dos hijos varones, de modo que yo debería haber sido una buena noticia. Pero no fue así. Años después, cuando mi madre pensó que ya tenía edad para comprender, me relató cómo se había sentido de miserable, tumbada en aquella sábana húmeda de su sudor, viendo a la comadrona envolviéndome en una toalla. Estábamos las tres solas, mi padre estaría por ahí bebiendo o con alguna mujer y mis dos hermanos se quedaron con mi abuela unos días.

—Te quiero —me dijo al cabo de los años—. Pero yo sabía que tu padre no sentiría lo mismo. Cuando te vi en los brazos de la comadrona, te imaginé al cabo de unos años trabajando como una esclava y pariendo los hijos de algún hombre ingrato.

Cuando me lo contó, yo ya había demostrado que no cumpliría ni con los designios de mi padre ni con los miedos de mi madre. Pero sí me quedó claro desde pequeña que mis padres hubieran preferido que fuese un niño y, durante mi infancia, me culpé muchas veces a mí misma por haberles decepcionado. En aquella época, si hubiese podido cambiar de sexo, lo habría hecho encantada. Y ahora entiendo algunos recuerdos que tengo de mi infancia, como el día en que, a mis tres años, una amiga de mi madre me preguntó el nombre y le contesté que me llamaba Jose, como mi hermano. Se echaron a reír por mi ocurrencia, pero me dolió porque yo lo decía totalmente en serio. Fue la primera vez que me di cuenta de que el mundo podía ser muy cruel.

Con siete u ocho años, recuerdo a mi madre lavando la ropa a mano y trabajando como una esclava, mientras mi padre se dedicaba a beber y a estar enfadado con el mundo. Yo no quería acabar como ella ni mucho menos ser como él, y ya intuía entonces que en esta vida los hombres lo tienen mucho más fácil. Me veía a mí misma condenada a una vida de mierda si las cosas continuaban así, pero no lo iba a permitir. Tenía una gran idea.

—Mami —pregunté inocentemente—. ¿Cuándo voy a tener pilila?

Ella no se rio esta vez. Me tocó la punta de la nariz con su dedo lleno de espuma y me mintió:

—Cuando seas mayor tendrás pilila, y seguro que será la más grande del país.

Me reí, y la creí. Nunca tuve la más mínima duda de que solo era una niña por fuera y que pronto me transformaría en un niño, como la metamorfosis que sufre la oruga al convertirse en mariposa. Lo único que tenía que hacer era actuar como tal, algo que para mí no era un gran sacrificio porque me gustaban sus juegos y, sobre todo, apuntarme a sus partidos de fútbol. Mientras las otras niñas del barrio jugaban con muñecas en sus casas, yo estaba en la calle divirtiéndome con mis amigos. No había nadie más rápido que yo, mis regates eran de los mejores y no tenía ningún miedo de tirarme al suelo a por la pelota. Era tan buena que a veces me confundían con un chico, algo que me ponía súper contenta.

A mi madre no le molestaba que actuase como un niño y a mi padre nunca le importó, para él era invisible. Mi padre era un borracho, un maltratador y un infeliz. Un católico que tenía miedo de ser condenado a los infiernos. A veces, se levantaba en mitad de la noche y empezaba a gritarle a un cuadro de Jesús que teníamos en el salón. Le reprochaba a Dios haberle dado una vida tan dura. La mezcla de Frenadol y coñac no le sentaba nada bien.

«¿Por qué me has dado esta vida? —quería saber—. ¿Por qué me has cargado con esta familia tan inútil?»

Yo me quedaba tumbada en la cama, temblando de miedo en la oscuridad y escuchando como él le gritaba absurdamente a un cuadro. Por la mañana, parecía que no hubiese pasado nada.

En casa todos le teníamos miedo, aunque yo la que menos a pesar de ser la más pequeña y, además, niña. Desde siempre supe apañármelas para desarmarle en momentos críticos, haciendo algún comentario complaciente o cambiando mi lugar en la mesa para estar más cerca de él e intentar calmarle de alguna manera. Sabía prever sus reacciones y pronto aprendí a sobrevivir a ellas con picardía, con bromas o carantoñas para que se relajara.

Mi madre nos protegía a los tres y supongo que mis hermanos debieron de pasarlo peor que yo, pero de pequeños nos ayudábamos los unos a los otros. Yo aquello ya lo veía como un reto, y los retos han sido el motor de mi aprendizaje y de mi vida.

El fútbol fue mi salvación. No recuerdo la primera vez que chuté un balón ni mi primer gol. Es como si el fútbol y yo nos hubiésemos fundido sin darnos cuenta y creo que forma parte de mi vida desde que fui concebida. Mi madre me ha contado algunas veces que, cuando estaba en su barriga, le daba patadas mucho más a menudo que mis hermanos e incluso mucho más fuertes. Yo creo que ya me estaba entrenando para jugar al fútbol aquí fuera.

18

Tengo en mi mente el mapa de una parte de Onda que conocía muy bien cuando era pequeña: unas calles estrechas y empinadas que rodeaban un castillo en ruinas. Era como estar metida en un cuento de hadas: calles medievales empedradas y casas en un ambiente misterioso y arcaico. Cada trozo de muralla, cada piedra ocultaban el secreto de los antiguos habitantes de la ciudad: íberos, romanos, musulmanes, cristianos...Y, ahora, esas mismas paredes me observaban a mí chutando un balón.

Si tuviera que hacer de guía turística en mi pueblo, destacaría las calles donde jugué al fútbol, porque gracias a este deporte me di cuenta de que no tenía por qué seguir el mismo destino que mi madre y supe que podía librarme de mi padre y de los hombres como él.

Normalmente jugábamos en la calle donde vivía mi abuela, que estaba en una pendiente muy pronunciada. Ahora cuando voy al pueblo con alguna visita y se sorprende, yo me sonrío y pienso que, efectivamente, uno de los equipos jugaba con desventaja porque el terreno en pendiente favorecía a los que tenían la portería en lo alto. También disputábamos partidillos en una plaza muy antigua y bonita, la Font de Dins, rodeada por arcadas y con una fuente en medio. Colocábamos las mochilas y la ropa como postes de una portería imaginaria y pasábamos la tarde. A mí los niños del barrio me aceptaban en sus equipos porque a pesar de que era una niña marcaba goles —y querían ganar—, pero en otros lugares del pueblo era más difícil porque no me conocían. Recuerdo que en esa plaza solía jugar un niño que siempre se metía conmigo porque era chica y jugaba al fútbol. Me tenía harta. Un día vino hacia mí para atropellarme con su bicicleta, le di un empujón y le hice caer. Los otros me miraron como si hubiese cometido una locura, pensando que ese niño podría buscar venganza, pero a mí nunca me han gustado los matones y decidí que debía tener su merecido.

Para complicarlo un poco más, en esa época las calles de Onda estaban empedradas con piedras desiguales, cosa que hacía aún más difícil jugar al fútbol y que al caer nos hiciéramos bastante daño; siempre íbamos llenos de rasguños y magulladuras, aunque, la verdad, a mí poco me importaba con tal de jugar. De hecho, siempre estábamos en la calle, con las bicis o con la pelota, era una vida libre y yo la disfrutaba. Mis familiares, con muy buena fe, me regalaban muñecas, pero a mí no me gustaban y mi abuela me regañaba por ello cuando podía porque me conocía demasiado bien. En ella siempre tuve una aliada a pesar de la diferencia de nuestros puntos de vista respecto a casi todo. Teníamos una relación muy divertida, era una mujer mayor con una mentalidad muy antigua pero a la vez sentía la necesidad de explicarme cosas para prepararme para el futuro —cosas que hasta a ella le daban apuro—. Sin embargo, en cuanto al carácter éramos muy parecidas: no paraba, fue muy activa, con mucha iniciativa y siempre luchó contra las injusticias; si alguien necesitaba algo, allí estaba ella, además hacía siempre lo que le apetecía y era una mujer muy valiente.

Recuerdo especialmente un partido con once años; yo llevaba el cabello corto y aún no me había desarrollado lo suficiente para diferenciarme de los chicos. Estábamos en un descampado lleno de agujeros y era uno de esos partidos que duran horas. Cuando llegué ya habían empezado y mi primo Javier, dos años mayor que yo, animaba y criticaba a los jugadores a la vez. Era todo un entrenador y, al escucharlo, podías pensar que era un genio con el balón, aunque al verlo jugar te dabas cuenta de que no era precisamente Pelé. Para ser sincera, Javier estaba gordito y no era muy deportista; os aseguro que yo podía caminar más rápido que él correr. Pero eso no le impedía dar consejos a los otros niños.

—¡Abríos! —gritaba, gesticulando con los brazos—. ¡No los esperéis, id a por ellos!

Me encantaba ver a mi primo de entrenador, no porque fuese bueno sino porque me daba mucha risa su absoluta ignorancia del fútbol. Después de cinco minutos de partido, había gritado tanto que se quedó ronco, se puso a sudar y acabó con la cara del color de un tomate maduro.

—Deberías beber agua —le dije—. O comprarte un helado.

—Estos no tienen ni idea —me contestó, casi sin resuello—. No saben lo que hacen. Vamos a enseñarles cómo se juega.

Decidí jugar con el equipo más débil como su delantera centro. Los chicos me conocían y se alegraron de verme, aunque no les hizo tanta gracia ver a Javier, que por suerte nunca se daba cuenta de esas cosas. En solo un par de minutos, marqué el mejor gol de mi vida. David, el delantero del otro equipo, tenía la pelota y corría a toda velocidad con ella: había encontrado un hueco en el centro del campo y se dirigía hacia nuestra portería. Delante de él solo quedaba el portero, que en lugar de salir se quedó plantado en la portería con la boca abierta. El resto

21

de mi equipo decidió que no valía la pena correr porque no podrían hacer nada para detener a David. Pero yo no pensé lo mismo y fui directa a por él. Acababa de entrar en el campo, mis piernas estaban frescas, y cuando él ya se preparaba para chutar y marcar lo que hubiese sido un golazo, me tiré al suelo con todas mis fuerzas y despejé la pelota. Mientras me levantaba, el balón llegó a mi portero, que golpeó la pelota de una forma muy cómica: chutó el balón de tal manera que subió y cayó de nuevo unos metros delante de él. Había un montón de jugadores del otro equipo cerca y si no se hubieran quedado allí quietos, sorprendidos por la jugada, podrían haber marcado. Pero lo único que vieron fue a una servidora, amortiguando la pelota con el pecho y saliendo del área con el balón controlado.

Comencé a correr a toda velocidad y aproveché mi rapidez para sortear a mis adversarios. A pesar de sus intentos desesperados de tirarme al suelo, yo sabía que iba a marcar porque en ocasiones todo se confabula para que no puedas fallar y hacer fácil lo imposible. Eres como un mago con poderes infinitos: la pelota podía leer mi mente y sabía dónde yo quería que fuese. Me sentía como si me estuviese deslizando sin esfuerzo de una parte del campo a otra. Levanté la cabeza, vi el montón de chaquetas y la mochila que señalaban los límites de la portería enemiga, vi al portero y a dos de sus defensores y supe qué iban a hacer. Cuando el primer defensor se acercó a mí, me hice un autopase, la pelota se fue por un lado y yo por el otro. El segundo defensa pensó que iba a recuperar el balón, pero no fue así: los dos llegamos prácticamente al mismo tiempo a la pelota, con la diferencia de que él tenía las piernas abiertas y no pude contenerme de hacerle un cañito. El portero hizo lo único que podía hacer, salir hacia mí como un toro con la esperanza de impedir que marcara. Pero no se tendría que haber molestado: en el momento que lo vi, supe que chocar con él no sería nada bueno y decidí usar el tobillo y hacerle una vaselina lo suficientemente alta para que no pudiera alcanzar la pelota. Y marqué. ¡Qué momento! Mi corazón no bombeaba, ¡bailaba! Los jugadores de mi equipo me rodearon, me abrazaron, me chocaron la mano, qué emoción... Hubo otros buenos momentos en ese partido, pero ninguno como ese.

La tarde avanzaba y cada vez había menos jugadores. Mi estómago me decía que era el momento de volver a casa.

—Vamos, Javi —le dije a mi primo, que estaba tumbado en el suelo tratando de recuperar el aliento—. Será mejor que llegue a casa antes que papá.

Si llegaba después que él, querría saber dónde había estado y por qué no estaba en casa. «¡No me extraña que esta casa esté hecha una porquería! —gritaba a veces, aun sabiendo que mi madre mantenía nuestra casa escrupulosamente limpia y ordenada—. ¡Una hija tiene obligaciones! ¿Por qué no las cumples?» Era injusto, mis hermanos no tenían ninguna responsabilidad en la casa y mi padre mucho menos. Éramos las mujeres las que teníamos que saber cuál era nuestro lugar. Mi madre callaba pero también ocultaba muchas cosas, como que tenía un trabajo, algo totalmente inaceptable para mi padre; ¿cómo podría haber alimentado a sus hijos si su marido se gastaba cada peseta en bebida?

Camino a casa me llamó la atención un hombre

con un traje blanco que estaba sentado en un banco cerca de donde habíamos estado jugando; lo había visto antes escribiendo algo en una pequeña libreta y creí que era un policía. Ahora estaba leyendo un periódico y yo pensé que lo hacía para disimular. Tardé unos diez minutos en llegar a casa con la sensación de que alguien me seguía, pero no me atreví a mirar hacia atrás.

Una vez en mi bloque, corrí escaleras arriba y, en el primer rellano, me asomé y pude ver al hombre de blanco subiendo. Pensé que mi padre se había metido en un lío. Bebía demasiado y salía hasta muy tarde y, ahora, la policía le buscaba. ¿Qué podía hacer yo? Tenía miedo de lo que le pudiera pasar porque, pese a todo, le quería. ¿Tenía que decírselo a mi madre? No, estaba segura de que eso empeoraría las cosas. Se asustaría, se lo diría a mi padre, este intentaría escapar y la policía le dispararía como ocurre en las películas. Tenía once años y sabía que esas cosas pasaban, pero opté por no decir nada.

En casa, mi padre había llegado antes que yo y estaba sentado a la mesa del comedor gruñendo como siempre.

—Pero ¿tú te acuerdas de dónde vives? ¿Dónde has estado?

—Fuera —le contesté, alejándome de él tanto como el tamaño del comedor me permitía.

—¿Tú te crees que soy tonto, niña? ¡Quiero saber dónde!

—Yo la he enviado a hacer un recado —mintió mi madre desde la puerta de la cocina, con cara de cansada y harta de todo.

—¡Cállate! —Mi padre dio un puñetazo sobre la

mesa que hizo temblar los platos—. Estoy hablando con ella.

En ese momento vi la mano de mi hermano agarrando el brazo de mi padre para evitar que hiciera alguna estupidez. Este de pronto se levantó de la mesa, fue al mueble bar y se sirvió una copa de coñac.

Me sentía mal, no entendía que mi madre le permitiera esos desprecios y ofensas. ¿Dónde estaba su dignidad? En el fondo pensaba que mi padre cambiaría algún día, pero eso nunca sucedió. Era manipulador y conseguía que siempre estuviéramos dispuestos a perdonárselo todo; fue un maltratador psicológico que casi consiguió anular a mi madre, que lo amaba.

La tensión se estaba acumulando cuando alguien llamó a la puerta. ¿Sería el hombre del traje blanco? ¿Un policía? Me sorprendí rezándole a Dios que fuera un policía y que se llevara a mi padre al calabozo unos días para que se calmara. Mi padre se quedó callado y se puso el dedo en los labios pidiendo silencio, según él las visitas solo traían problemas y nunca era un buen momento para recibirlas. El timbre continuaba sonando pero nadie contestaba.

—Perdone por venir sin avisar, pero sé que está ahí y tengo algo importante que decirle. Seguro que le interesa —dijo una voz al otro lado de la puerta—. Por favor, eche un vistazo a mi tarjeta. Verá que no soy policía o recaudador de impuestos. He venido a ayudarle— añadió pasando una tarjeta por debajo de la puerta.

—Papá, el señor es un ojeador de fútbol. Seguro que me ha visto jugar —suplicó mi hermano con los ojos como platos, después de leer la tarjeta.

La expresión de mi padre se suavizó, tener un hijo jugador de fútbol profesional era uno de sus sueños. Además del prestigio, le traería también un buen montón de dinero.

—Déjalo entrar —ordenó—. A ver qué quiere.

Mi hermano abrió la puerta. Con su pequeña libreta entre las manos, el hombre del traje blanco entró en casa y se presentó como Antonio M.

—Soy ojeador de fútbol —explicó—. Viajo por toda España buscando nuevos talentos para clubs españoles y extranjeros. Como usted se podrá imaginar, es una tarea muy poco agradecida; a veces pasan semanas y no encuentro a ningún jugador interesante.

—Deje de enrollarse —dijo mi padre—, al grano.

—Claro, al grano. Vengo de la plaza y he tenido el privilegio de contemplar la jugada más impresionante que he visto en mucho, mucho tiempo. Yo voy en busca de chicos pero su hija, señor, tiene mucho talento. Tengo contactos en varios clubs de Estados Unidos que estarían encantados de ofrecerle a su hija una beca para jugar con ellos.

—¿Cómo? —Mi padre lo miró como si le hubiese dado un puñetazo en la cara—. ¿Mi hija?

—Sí, señor, no tengo ninguna duda de que puede ser una gran jugadora, dentro de las posibilidades de una mujer, claro.

—El fútbol —dijo mi padre— es un deporte de hombres. No entiendo por qué viene a mi casa y dice que mi hija es como un hombre.

—No he dicho eso, he dicho que tiene talento.

—Váyase de mi casa. —Mi padre se levantó de la silla y se dirigió hacia él.

—Por favor, señor, cálmese.

Pero mi padre no sabía qué era eso y siguió avanzando hacia él hasta que el hombre se asustó y huyó corriendo por las escaleras.

—¡Deberías comportarte como una mujer, dejar el fútbol para los hombres y aprender a coser! —gruñó mi padre mientras se encerraba en su habitación.

Cuando cerró la puerta de casa, me negó una gran oportunidad pero abrió una ventana a la esperanza. «No pasa nada —pensé—, al menos ahora sé que hay una vida diferente, más allá de esto.» Gracias al ojeador, supe lo que era ser feliz por unos segundos. Un día, yo saldría de allí y encontraría la felicidad que se le había negado a mi madre. Volvería a mi casa y le diría a mi padre que estaba equivocado, que en este mundo también hay lugar para las mujeres.

Mi padre ya no está con nosotros y, pasados los años, nos hemos dado cuenta del daño que nos hizo y de que quizá no deberíamos haber aguantado tanto. Pero no consiguió separarnos y ahora somos una familia unida, a pesar de todo lo que sufrimos. En cuanto a mi madre, estoy muy orgullosa de ella por todo lo que ha logrado desde la marcha de mi padre y ahora es uno de mis mayores apoyos.

Yo respetaba a mi madre y la quería muchísimo, pero siempre que me daba consejos los ponía un tiempo en barbecho porque viendo cómo le había ido a ella la vida no tenía muy claro que sus ideas me pudieran servir de mucha ayuda. Ahora comprendo que la mayoría de las veces tenía razón.

Mi abuela era la otra cara de la moneda. Muy independiente y fuerte, había vivido la Guerra Civil y todas sus miserias: el horror, las bombas, el hambre, tuvo que esconderse para sobrevivir y perdió a su padre. Siempre estuvo al lado de los más desfavorecidos y siempre echaba una mano a quien le pedía ayuda, pero estaba chapada a la antigua y era muy de misa. Recuerdo una historia que me contó sobre un preso de la guerra que le pidió pasar la noche en su casa con su novia. Ella le dijo que sí pero que primero debían casarse. Así lo hicieron y mi abuela les regaló las fotos de la boda. Era una católica verdadera que se esforzaba en cumplir los diez mandamientos, aunque no siempre lo lograra. Recuerdo que cuando se enfadaba conmigo me decía que era una «pecatosa» o una «roja», y yo no sabía de qué hablaba. Todos los domingos nos sobornaba a mis hermanos y a mí con un helado si íbamos a misa. ¡Qué recuerdos!

28 Sus consejos parecían salidos de un convento de monjas de clausura: estaba aferrada a las viejas tradiciones y a la religión. Creía firmemente en la existencia del infierno y en que la obligación de una mujer era buscar a un hombre con quien casarse, para lo cual había que saber cocinar, coser, planchar… Exactamente todas las cosas que no me interesaban ni me interesan lo más mínimo.

«Tienes que ser más femenina —me decía—. No seas tan chicote; si no ningún hombre te va a querer.» «El Señor te condenará, todas las mujeres tienen el deber de casarse», me amenazaba cuando le decía que me daba igual.

Otra cosa que le preocupaba mucho a mi abuela, además de mi amor por el fútbol, era que montara en bicicleta. Tenía ocho años cuando me vio por primera vez con mi bici. Estaba en la puerta de su casa, mirando con horror cómo hacía carreras calle arriba y abajo. Los otros ciclistas eran niños y me costaba mucho seguir su ritmo. Para probar su valentía, mis amigos jugaban a «el gallina»: un juego en el que dos niños se situaban uno a cada lado de la calle y corrían como locos uno hacia otro. El primero que se asustaba y se apartaba perdía y le llamaban gallina.

Como yo era una chica, no me dejaban jugar con ellos. Al principio me dio igual porque era un juego absurdo y solo era cuestión de tiempo que alguien se hiciese daño, pero luego me dolió que no me consideraran una buena rival. Israel era el peor de todos, el típico niño que siempre andaba metido en problemas, un engreído y un matón. No le culpo, supongo que tendría un padre como el mío e intentaba estar a su nivel. Cuando estaba solo era tímido y retraído, pero con sus amigos alrededor para protegerlo se volvía el más valiente. Mandaba sobre todos, era como un pequeño dictador: empujaba a los otros niños, los tiraba de la bicicleta, les insultaba… siempre que fueran más pequeños que él y tuviera a sus secuaces lo bastante cerca para defenderlo en caso de necesidad.

Pero esa tarde dos niños se fueron a casa con lágrimas en los ojos. Éramos unos seis o siete, el sol caía a plomo y sin piedad, llevaba muchas horas en bici y estaba sedienta, acalorada y un poco cansada. De haberlo pensado mejor, me habría metido en casa, pero sabía que mi abuela volvería con la letanía de por qué iba en bici, por qué no jugaba con otras niñas… Por eso decidí quedarme con mi bicicleta a la sombra de un árbol y ver cómo los chicos competían para ver quién hacía mejores derrapes y quién lograba ir solo con una rueda. ¡Yo quería ser uno de ellos! Por supuesto, Israel era el centro de atención, fanfarroneaba sobre lo buen ciclista que era y pedía a todo el mundo que mirara todo lo que hacía, que no era mucho aunque para él era como si fuese el Dios del ciclismo. Las cosas se pusieron feas cuando frenó con la rueda trasera y se cayó de la bicicleta.

—¡Tú, idiota! —gritó, levantándose y señalando al niño que estaba más cerca de él—. ¡Por tu culpa!

—¡Pero si ni te he tocado! —se quejó el crío, que paró de pedalear y lo miró confuso.

—Te has cruzado delante de mí, ¡si no llego a frenar hubiésemos chocado! ¡Eres un burro y un patoso, Rafa!

Rafa tenía trece años pero parecía mayor, era alto y corpulento y tenía el pelo un poco largo. Probablemente su cuerpo había madurado demasiado pronto y rápido y, a veces, no podía controlarlo. Tropezaba con su propia sombra.

—Lo siento —soltó, aunque no tenía nada que sentir—. No volverá a pasar.

—Gallina, gallina —cacareó alguien mientras los otros le rodeaban y disfrutaban de su malestar.

—Sí —alguien dijo—. Vamos a jugar al gallina.

—No quiero jugar —contestó Rafa—. No me gusta ese juego.

Me di cuenta de que Israel, al caerse de la bici, había hecho el ridículo y sus secuaces querían darle la posibilidad de recuperar su prestigio. Pensaron que le hacían un favor, dándole la oportunidad de batir a Rafa en el juego del gallina, pero nadie se había dado cuenta hasta entonces de que Israel nunca jugaba, sino que animaba a los otros a arriesgar su pellejo mientras él se quedaba al margen. En ese juego Israel era el más gallina de todos.

Mientras todos miraban a Rafa, yo observé la cara de Israel y vi como el miedo se adentraba lentamente en sus ojos. Sabía que si Rafa le ganaba, como yo pensaba que pasaría, sus días como líder de esta pequeña banda se terminarían y todo el mundo se daría cuenta de que era solo un bocazas.

—Vamos, cobarde, ¿a qué estas esperando? —gritó Israel alejándose disimuladamente del tumulto y haciéndose el valiente.

—Me voy a casa. —Rafa negó con la cabeza.

Salió de allí pedaleando tan rápido como pudo, mientras Israel y los otros le gritaban y le insultaban. Habían conseguido hacerme enfadar. Si a alguien se le podía llamar bonachón, ese era Rafa. Al contrario que los tontos que se reían de él, yo sabía que la única cosa que quería era no hacerle daño a Israel. La injusticia de verlo ridiculizado por los otros fue demasiado para mí. Me decidí allí mismo a terminar con esa tiranía.

—¿Alguien más quiere desafiarme? —preguntó Israel cuando el otro ya no estaba cerca, pensando que nadie aceptaría el reto. Tenía las manos en la cintura y el mentón alzado con chulería, en ese momento era todo un machote—. Venga, ¿quién quiere jugar?, ¿nadie se atreve? ¿Tú, Emilio? ¿Tienes lo que hay que tener?

Emilio se echó atrás.

—¿Tú, Raúl? —Este dijo que no con la cabeza.

—Bueno, ya veo que ninguno puede conmigo. Es una pena, jugar al gallina es lo que más me gusta. —Israel se golpeó con la mano el pecho.

—Yo lo haré —dije saliendo de la sombra del árbol hacia la luz del sol—. Yo jugaré al gallina contigo.

31

—¿Tú, Patri? ¿Qué haces aquí? Vete a casa y juega con tus muñecas. —Los ojos de Israel se abrieron como platos y se rio.

—Te estoy retando al gallina.

—No seas tonta. Es un juego de hombres.

—¿Y por qué tú nunca juegas, Israel? Te gusta mucho que jueguen los demás por ti, porque tú no te atreves. —Pude oír una risilla de alguien que puso a Israel colorado.

—Cállate, fea.

—¡Co, co, cococo…! ¿Qué te pasa? ¿Te da miedo que te gane una chica?

—¿Yo, miedo? Yo no tengo miedo a nada.

—¿Y por qué no quieres jugar?

—Voy a jugar pero luego no vengas llorando con tu abuela. —Se fue hacia el otro lado de la calle para prepararse. No le quedó más remedio que aceptar mi desafío.

Pobre Israel, sin él darse cuenta ya le había ganado. No tenía ninguna duda de que yo iba a perder, era una ciclista novata pero, al menos, lo había obligado a jugar. Sus amigos no iban a admirarle por ganar a una chica, especialmente ahora que habían caído en la cuenta de que nunca había jugado contra otro chaval.

—Patricia, ¿qué estás haciendo? —De repente mi abuela apareció cerca de Israel. Primero lo miró a él y luego me buscó a mí.

Los otros niños estaban alineados a lo largo de la calle, justamente al otro lado de la casa de mi abuela. Normalmente, cuando jugaban al gallina todos gritaban y animaban como si fuera un partido de fútbol, pero esta vez estaban callados. Quizá se dieron cuenta de lo absurdo de la situación; a lo mejor ahora veían a Israel igual que yo; o puede que pensaran que no estaba bien enfrentarse a una chica.

—Ven aquí ahora mismo —me dijo mi abuela—. ¡O iré yo y verás!

Me hice la sorda. Israel se encorvó hacia delante y puso sus manos en el manillar como si fuera James Dean en su Harley Davidson. Sin duda, tenía un aire bastante rebelde. Yo respondí intentando poner mi bici sobre una rueda y por poco me caí —sintiéndome como una tonta—, lo que provocó una risilla maliciosa de Israel que aún recuerdo perfectamente. En ese momento, a pesar de mis dudas, supe que no iba a ser la gallina. Pasara lo que pasase, me dirigiría directamente hacia él, y si no se apartaba yo tampoco lo haría. Emilio, uno de sus mejores amigos, caminó solemnemente hacia el medio de la calle y levantó la mano. Era la señal para estar preparados.

—¡Preparados! ¡Listos! ¡Ya!

Cuando bajó la mano, corrió hacia el lado seguro de la acera. Por unos segundos, yo era como un robot, como una máquina sin emociones, con solo un pensamiento, un propósito: derrotar a Israel. Mi bicicleta, de repente, se convirtió en una prolongación de mi cuerpo, de la misma manera que la pelota cuando jugaba al fútbol. Pedaleé todo lo rápido que pude, como si me fuera la vida en ello. Iba directamente hacia Israel, que venía hacia mí como un misil teledirigido, con la cara desencajada, llena de odio y enfado. Alguien gritó. Creo que fue mi abuela. La rigidez en los músculos del cuello de Israel marcó el momento en que se dio cuenta de que yo no me iba a apartar. Con un grito de terror,

33

apretó los frenos y se desvió bruscamente a la derecha.

Tuve un momento de máximo placer cuando vi a Israel y a su bici apartarse de mi camino. Fueron unos segundos en los que se me olvidó frenar, hasta que fue demasiado tarde. Había un Simca 1200 viejo aparcado al lado de la calle y me fui directamente contra él. Frené cuanto pude pero me estrellé y, aunque mi caída no fue nada en comparación con la de Israel, me sacó todo el aire de los pulmones. Afortunadamente, mi bici y yo pudimos esquivar el Simca. Desde el suelo pude ver a los otros chicos rodeando a Israel. Estaba tumbado al lado de su bici y no parecía moverse. Emilio se acercó más para ver cómo estaba.

—¿Respira? —preguntó alguien.

—No, estoy muerto. ¡Idiotas! —dijo Israel.

Durante unos microsegundos, los chicos permanecieron allí con la boca abierta hasta que su mente procesó la información. Después, como una bandada de pájaros, salieron en desbandada con sus bicis. Cuando ya se alejaban, me levanté y me miré las magulladuras que habían florecido en mis brazos y piernas. A pesar de que dolían mucho, estaba orgullosa de llevarlas: eran insignias de honor, señales pasajeras de mi valor.

Lentamente, Israel se arrodilló y luego se levantó. Me sentí mal, podíamos habernos matado. Muertos o vivos, él era el vencido y yo la vencedora. Quedaba claro que el gallina no solo era un juego de hombres. Tan pronto como él cogió su bicicleta y se fue cojeando, yo cogí la mía y cojeé en la otra dirección. Mi abuela estaba en la puerta de casa esperándome y amenazándome con el dedo; no me hubiera sorprendido ver salir humo de su cabeza.

—¡Entra en casa ahora mismo! —dijo con una voz mezcla de gruñido y mugido—. Antes de que pase una desgracia… Siempre jugando con chicos.

Dejé mi bicicleta en la entrada y pasé a la salita cojeando. Allí estaba mi abuelo, que rápidamente se levantó y se fue a la cocina porque sabía lo que iba a pasar a continuación y para nada en el mundo quería ser parte de ello.

—¡No te sientes! —me ordenó la abuela mientras cerraba la puerta. Se arrodilló y me examinó las piernas. No sé por qué razón, me rozó la herida; hice una mueca de dolor y di un grito.

—¿Te duele? ¡Espero que sí! A ver si la próxima vez te comportas como una niña, no como un chico. —Se levantó, alzó mi camiseta de Naranjito del Mundial 82 y me tocó cada una de las costillas con el dedo—. Nada parece roto, gracias a Dios no os habéis matado. Yo no sé cómo te gusta jugar con esos brutos. Se lo voy a decir a tu padre, a ver si a él le haces caso.

—Lo siento, abuela —le dije—. De verdad.

Pero yo no lo sentía, solo quería que no se lo dijera a mi padre. Me preguntaba por qué mi abuela estaba tan enfadada, cuando debería estar orgullosa de mí, había hecho lo mismo que hacía ella siempre: luchar contra las injusticias. Después de todo, me había dicho muchas veces que tenía que ser valiente y, que yo sepa, la Biblia no dice nada en contra de jugar al gallina, por lo que esta vez me libraba del infierno. En ese momento pensé que me había enfrentado a Israel para hacer justicia con Rafa, pero ahora me doy cuenta de que lo hice por mí misma, para ganar. Me encantan los retos y ganarlos.

—¿Te das cuenta —me preguntó, sentándose en la

mecedora que había dejado libre mi abuelo— de la suerte que has tenido de no tener ninguna cicatriz en las piernas? Mi mejor amiga cuando iba a la escuela era la niña más bonita de todo el colegio, incluso creo que era la más guapa del pueblo. A todos los chicos les gustaba y todos sabíamos que iba a ser la primera en casarse, pero no fue así y ¿sabes por qué?

—No, abuela, no lo sé. —Negué con la cabeza para demostrarle que la estaba escuchando.

—Un día en el patio ella estaba corriendo detrás de un chico que le había tirado del pelo, y lo hacía como tú, a lo loco. Se cayó sobre unas piedras y se hizo un corte debajo de la rodilla. La maestra intentó curárselo, incluso la llevaron al médico pero se le quedó una cicatriz en la pierna para toda la vida. Mi amiga estaba desconsolada. A pesar de que la cicatriz casi no se veía porque quedaba tapada por la falda, todos los chicos lo sabían y ya no se acercaban a ella. Al final no se casó, se hizo monja…

Yo sabía que exageraba y que solo intentaba que dejara de hacer trastadas en la calle y jugar con mis amigos al fútbol. Pero seguía y seguía:

—Tú podrías hacer eso, hacerte monja, pero ni ellas te querrían, que no sabes hacer nada, ni cocinar ni coser… ¿Eso quieres que te pase? Como tu tía Esperanza, soltera toda la vida. No me extraña, a qué mujer con conocimiento se le ocurre montar un negocio de camiones.

La tía Esperanza me había interesado desde siempre, sobre todo porque mi abuela me amenazaba con acabar como ella. Era la hermana de su padre, vivió a principios del siglo, estaba soltera y tenía un negocio de camiones y un molino. ¡En esa época!

Mi abuela murió con ochenta y cinco años, en 2005, y tanto para ella como para el resto de las mujeres de su generación, su gran aspiración era casarse, de modo que el ejemplo de la tía era para demostrarme su horror y rechazo; era como una amenaza ante mis negativas a comportarme como la perfecta señorita que sabe coser, planchar y hacer comidas deliciosas. Normalmente me advertía de que iría al infierno, cosa que yo prefería antes que aprender a cocinar, coser... o ser monja. Aunque esto último no me desagradaba, porque siempre podía irme a alguna misión, ver cosas diferentes, conocer a gente nueva. Sabía que ella lo decía por mi bien, eran los valores que le habían transmitido y temía que no me casara, de modo que el día del gallina, intentando parecer realmente arrepentida y avergonzada de mi comportamiento, le dije otra vez que lo sentía y le prometí que cuando rezara esa noche al Niño Jesús, le pediría que me perdonase. Las palabras «rezar» y «Niño Jesús» eran mágicas, las que mi abuela quería oír, y se le pasó el enfado.

—Sí, Patricia. Recuerda que él siempre lo ve todo y que está en todas partes. Incluso sabe lo que piensas. Si le rezas y le pides perdón de verdad, te perdonará.

Cuando decía que Dios estaba en todas partes, yo siempre me preguntaba: «Entonces, ¿por qué tenemos que ir a misa si él está en todas partes?».

Ella sonrió y golpeó el brazo de la mecedora.

—Ven y siéntate conmigo. Hay algo que quiero contarte.

Su voz se convirtió en un susurro, lo cual significaba que no quería que mi abuelo o alguno de mis hermanos se enteraran de lo que me iba a decir. Intrigada, me senté junto a ella. Mi abuela hizo una pausa para mirar alrededor y asegurarse de que nadie pudiese oírla.

—Patricia, ¿tú sabes lo qué es el himen? —me preguntó con una voz que apenas pude oír.

Por un momento me vino a la cabeza la imagen de una hiena; después pensé que sería el marido de la hiena.

—¿Un himen? —repetí con la esperanza de que al decir la palabra me vendría algún significado a la cabeza. No fue así—. No, abuela. Nunca he oído esa palabra.

—Bueno, Patricia, tú sabes que las jarras de agua tienen una tapa para no dejar entrar cosas que no queremos, como moscas, suciedad… Pues tú en tu cuerpo tienes como una tapa que se llama himen.

No entendía nada. Mi abuela me estaba diciendo que dentro de mi cuerpo tenía una tapa para las moscas.

—Ahora escúchame bien —me dijo, apuntándome con su dedo y mirándome muy seriamente—. Si continúas comportándote como un chico, montando esa bicicleta, te harás daño y perderás la tapa, tu honor, y eso será mucho peor que lo que le pasó a mi amiga. Ni encontrarás marido ni te querrán en un convento. ¿Entiendes lo que te digo?

—No, abuela —contesté—. No lo entiendo.

Mi abuela cerró los ojos y suspiró impaciente. Empezó de nuevo la explicación y estuvo durante media hora confundiéndome todavía más. Cuando terminó, yo había aprendido que las bicicletas podían deshonrarte y que nunca debía sentarme en un baño que un hombre acabara de usar, porque así es como se hacían los bebés. Creo que mi abuela es la principal razón por la que me tomó tanto tiempo perder la virginidad.

Pero mi abuela también fue mi coartada y cómplice en muchas cosas, por ejemplo, para poder estudiar música. En casa, tanto mis hermanos como yo íbamos al conservatorio y yo supe leer solfeo antes que las letras de las cartillas. De muy pequeña, con tres añitos, acompañaba a mis hermanos a clase y me quedaba con todo lo que decía el profesor. Era demasiado pequeña y ni siquiera estaba matriculada, pero ponía mucha atención a todo. Luego, un poco mayor, empecé a tomar clases, y cuando ya estudiaba solfeo en serio comencé a tocar la trompeta. Los profesores querían que optase por la flauta o el clarinete, pero a mí no me gustaban, consideraba que no iban con mi modo de ser.

Hasta que llegó el día en el que mi padre decidió que ya no debía ir más a clases de música, que no servían para nada, y me negué a dejarlas utilizando a mi abuela de excusa. A él le decía que iba a casa de mi abuela a comer o a pasar la tarde cuando en realidad iba al conservatorio, y a ella le pedía que si alguien preguntaba dijera que había estado en su casa. Mi madre siempre nos decía que la abuela había sido una persona bastante estricta, pero a nosotros siempre nos dejaba hacer lo que queríamos; aunque nos reñía y se quejaba, nos quería muchísimo.

Cuando empecé el instituto, ya había aceptado que nunca me crecería un pene. Mi cuerpo había experimentado una pequeña metamorfosis, pero no la que yo esperaba. No me importaba lo más mínimo, excepto cuando el profesor de gimnasia me obligaba a jugar al voleibol en lugar de al fútbol.

A pesar de no ser como mis amigas, de no estar enamorada cada mes de un chico diferente ni gustarme salir a pasear y preferir jugar al fútbol, atraía a los chicos y no entiendo por qué, pues ellos en mí no despertaban el más mínimo interés. Pero fue toda una revelación darme cuenta de que podía usar esa atracción para conseguir que me dejaran jugar al fútbol. Hasta ese momento había pensado que las mujeres éramos débiles y no muy listas, y que los hombres eran fuertes y nos tenían bajo su dominio; pero pude ver qué fácil era controlar a algunos de los chicos con solo una sonrisa y una mirada. Con pene o sin pene, estaba claro que no tenía que terminar como mi pobre madre. No sé si lo hubiera resistido.

Es curioso porque a pesar de andar siempre con niños tengo un grupo de amigas desde la infancia. Nos conocimos en el colegio, en EGB, y después coincidimos en el instituto. Ahora están todas casadas y con hijos pero siempre que voy a Onda quedamos. Teníamos muy buena relación y la seguimos teniendo, aunque seamos tan diferentes.

Recuerdo la época del instituto con mucho cariño. En clase me gustaba mirar por la ventana las estelas que dejaban los aviones al pasar, cuando cruzaban el cielo: me recordaban que había otro mundo más allá de mi pueblo y que no tenía que quedarme allí toda la vida. Algunas de mis compañeras de clase decían que iban a ser azafatas de vuelo cuando acabáramos el instituto, así podrían viajar por todo el mundo. Era una gran idea, pero yo quería ir un paso más allá. Quería ser piloto y no uno cualquiera. Sabía por un artículo en un periódico que no había mujeres piloto militar en España. Eso me motivó. «¿Por qué no? —me pregunté—. Si ellos pueden, nosotras también.»

41

2

En busca de un sueño

«Y ahora vuelvo a mirar el mundo a mi favor.
Vuelvo a ver brillar la luz del sol.»

ÁLEX UBAGO Y AMAYA MONTERO, *Sin miedo a nada*

* * *

*L*a universidad lo fue todo para mí. Allí, todos mis planes pasaron de ser ideas de una adolescente a convertirse en realidad. La vida seguía siendo una lucha, pero ahora con un propósito claro. Ojalá pudiera decir que en el instante en que llegué a Valencia pasé de ser una chica de pueblo a convertirme en una mujer sofisticada, preparada para comerse el mundo y dejar su huella en la historia. Pero no. Ni era una mujer ni mucho menos sofisticada. Era solo una superviviente.

Decidí estudiar comunicación audiovisual en la Universidad de Valencia porque ya estaba trabajando de corresponsal en una radio y un periódico provinciales. Tenía bastante claro que mi futuro no pasaba por el periodismo, porque ya entonces tenía una idea fija en mi mente: ser piloto militar.

Empecé la carrera con muchas ganas pero, ya al final, cuando llevaba cuatro años, no estaba tan motivada. Sin embargo, hice un esfuerzo muy duro para sacarme todas las asignaturas. Llegaban las oposiciones al Ejército y no me gusta dejar nada a medias.

En el Ejército puedes ser militar de carrera o de complemento, como fue mi caso. Si tienes estudios universitarios y pasas la oposición, entras directamente como oficial, un requisito indispensable para poder ser piloto. Este fue el gran motivo por el que terminé la carrera.

De jovencita el mundo de la comunicación ya me tiraba, y empecé como corresponsal deportiva. Debía de tener unos quince o dieciséis años, trabajaba mucho pero era feliz porque estaba siempre en contacto con el fútbol. Aún no sabía si quería dedicarme al periodismo de forma profesional pero me metí de lleno en la corresponsalía y creo que fue una muy buena época. Sin embargo, como en otras ocasiones en mi vida, viví situaciones duras: era joven y mujer y algunos compañeros de profesión me dejaban de lado, tenía que luchar por cada una de las crónicas y la verdad es que no me hicieron la vida nada fácil. Con el paso del tiempo me di cuenta de que todo aquello no me hacía feliz, de modo que lo dejé, aunque todavía tengo todas las crónicas que escribí guardadas en casa.

En la Universidad, el primer curso no fue como me esperaba, y estuve desubicada. Pensaba en todo menos en lo que realmente tenía que hacer. Creí que sería como una prolongación del instituto, donde haría muchos amigos, me invitarían a fiestas, los profesores me valorarían… pero no era así. La universidad es anónima, vas a clase, pasas exámenes, apruebas y te licencias sin dejar de ser algo más que un número de expediente.

Al principio viví en un apartamento viejísimo y alejado de la facultad, mis compañeras de piso eran mayores que yo y solo querían terminar la carrera.

Yo acababa de llegar y buscaba otras cosas. No cuajé en ese ambiente y me sentía un poco sola. Una mañana estaba sentada en mi habitación, con la mirada perdida delante de un libro que parecía escrito en un lenguaje marciano y me di cuenta de que todo aquello no tenía ningún sentido para mí. Se suponía que eran los mejores años de mi vida y los estaba perdiendo miserablemente. Me levanté de la silla, me miré en el espejo y vi a mi madre. No era feliz, no me gustaba estar allí y no me había dado cuenta, pero tampoco quería rendirme, de modo que dejé el libro y empecé a cambiarme. Tenía que salir de allí antes de que me estallara la cabeza y debía pensar de una vez qué quería hacer con mi vida. Me fui a la universidad.

Una hora después, en el tablón de anuncios, me fijé en un papel escrito a mano y no muy glamuroso de un chico que buscaba nuevos compañeros de piso. Necesitaba un cambio radical de aires, de modo que llamé y dejé un mensaje en el contestador. Regresé a casa con la idea firme de comunicarles a mis compañeras que no iba a seguir con ellas el curso siguiente. Cuando llegué no había nadie y el teléfono estaba sonando. Lo cogí y oí una voz alegre y aniñada que preguntaba por mí.

—Hola, busco a Patricia.

—Soy yo, dígame.

—¡Oh! Si vamos a ser compañeros de piso, mejor nos tuteamos. —Primero pensé que la voz al otro lado de la línea era de una mujer, pero ahora tenía mis dudas—. Somos una pareja perfecta, tú necesitas un piso y yo una compañera. ¿Cuándo puedes pasarte a verlo?

—Tengo que hacer un par de cosas —le dije para

no parecer muy desesperada—. Creo que podría pasarme esta tarde sobre las… seis. ¿Te parece bien?

—A las seis está bien. —Me dio su dirección y su nombre—. Me llamo Nicolás, pero mis amigos me llaman Nico. ¿Puedo llamarte Patri? Mejor no, creo que suena mejor Patricia.

Así conocí a uno de los hombres más importantes de mi vida, un amigo que pese a todo nunca ha dejado de quererme en todos estos años y siempre me ha apoyado en cada una de las decisiones que he tomado.

Nico es agradable, diferente y todo alegría. Te sorprenden algunas de sus manías, como su pasión por la limpieza, que en realidad me vino genial porque yo no soy para nada la perfecta ama de casa. Vivimos juntos durante diez años y cada vez que me tocaba hacer la limpieza, me sometía a una exhaustiva vigilancia. Acabábamos riñendo medio en broma, pero debo reconocer que no he conocido a nadie que supiera tantos trucos para limpiar como él, ni tantas formas de dejarme en evidencia, como cuando colocaba diminutas migas de pan en la mesa para comprobar después si había pasado el trapo por allí. Evidentemente siempre me pillaba.

Mi primera impresión cuando abrió la puerta de su piso fue espectacular, Nico era un dios romano, sus rasgos parecían haber sido esculpidos por un artista con un entendimiento exquisito de las formas del cuerpo humano. Era perfecto, todas las partes de su cuerpo armonizaban con el resto y me recordaba a uno de los más grandes bailarines del mundo, Mijail Baryshnikov. También su cara parecía sacada de la portada de una revista y su piel era perfecta. Más tarde descubrí que usaba más cremas y potingues que todas mis amigas juntas.

—¡Patri! —Nico sonrió cariñosamente como si yo fuera una antigua amiga que se hubiese encontrado por casualidad—. Al final nos conocemos.

Antes de salir de casa me había arreglado, o eso pensaba. Me puse mis mejores vaqueros y me maquillé, algo que solo hacía en contadas ocasiones. Quería dar una buena impresión y, hasta que vi a Nico, pensaba que iba monísima. Pero delante de él me sentía desarreglada; por primera vez en mi vida me importaba lo que un hombre pudiera pensar sobre mi aspecto y, aunque acababa de conocerle, quería su aprobación y no estaba segura de cómo conseguirla. Me enfadé conmigo misma por no haberme arreglado un poco más. ¿Por qué no me había puesto algo más sofisticado para estar a su altura, en lugar de un simple suéter y unos vaqueros? Al menos podría haberme acordado de los pendientes.

Mientras seguía a Nico hacia el salón, me hipnotizó su forma de moverse: no parecía caminar, sino que flotaba, y otra vez me vino a la mente Baryshnikov. La forma en que había arreglado el comedor me sorprendió, estaba limpio y la decoración era bastante atrevida pero con estilo. El sofá debía de ser de los años sesenta, con una funda marrón desgastada y unos cojines casi sin espuma, pero no quedaba mal, y en los estantes había un montón de figuritas, los típicos recuerdos de comuniones y bautizos que Nico había ido acumulando no se sabe muy bien por qué. Además, había colocado fotos de sus amigos estratégicamente donde el papel pintado se había roto. En fin, era un apartamento viejo pero económico, y Nico se las había arreglado para darle un aire glamuroso. Solo me tomó dos segundos saber que quería vivir allí.

—¿Quieres un café? ¿Americano, *latte macchiato*, *viennnois*, *mochaccino*, *cappuccino*, *espresso*...?

Me quedé sorprendida. Para mí el café era solo café y las únicas variedades que conocía eran con leche, sin leche, con azúcar o sin él. Pero no me atreví a decirle nada a Nico.

—Espresso —dije, pensando que era un poco más sofisticado que el café con leche—. Por favor.

—Buena elección, Patri. Tú sabes de cafés. —Nico se fue a la cocina y comenzó a hablarme desde allí con la puerta abierta—. Espero que te haya gustado el piso y que no te haya parecido muy viejo. De verdad, he hecho lo que he podido, pero no puedo hacer milagros, uno tiene sus limitaciones. Así que, si no miras debajo de las fotos que he colgado y piensas que los muebles no son viejos sino que tienen un toque retro, está bastante bien. Siéntate, por favor.

Cuando me senté en el sofá me di cuenta de la necesidad de usar cojines, ya que me estaba clavando en el culo todas las maderas y hierros de la estructura. Nico apareció con una bandeja de café con las tazas a juego y la puso encima de una pequeña mesa delante del sofá.

Mientras tomábamos café, me contó algo de su vida: acababa de empezar la universidad y llevaba menos de una semana en el piso.

Otras cosas que aprendí ese día sobre Nico era que le encantaba ver la televisión, no le gustaba el deporte y que a pesar de llevar allí solo una semana ya sabía todo lo que había que saber de los vecinos. Me sentí muy cómoda con él, como si fuera un amigo de siempre, y tras dos horas de café y charla quedamos que al día siguiente me instalaría en el piso.

—Eres como un ángel caído del cielo. Pero te tengo que avisar de algo: estoy un poco obsesionado con la limpieza, me molestan mucho los desastres y la suciedad. Si tú eres de las que limpian y colaboran en las tareas de la casa, eres bienvenida.

Mejor sonreía y así no tenía que mentirle.

Cambiar de piso fue como darle un giro total a mi vida. Y además, me fui enamorando de Nico. Si alguien hubiese podido diseñar a mi hombre ideal, hubiera sido muy parecido a mi nuevo compañero de piso. Lo que más me atrajo de él fue que era la antítesis de mi padre y me hizo recuperar un poco la fe en el sexo opuesto. Porque debo admitir que antes de conocerle no tenía ninguna esperanza en ellos.

Nico lavaba y planchaba la ropa, arreglaba mi habitación y me daba masajes en las cervicales. ¿Qué más podía pedir? Una noche, poco después de haberme mudado, me preparó una cena deliciosa, digna de un restaurante de cinco tenedores. Después nos sentamos en el sofá a charlar y bebimos un vino malísimo que, tras cuatro o cinco copas, empezó a gustarnos. Primero solo hablaba él, le encantaban los cotilleos y parecía conocer los trapos sucios de todos los profesores de la universidad. Y yo, que ya llevaba un año allí, sin enterarme de nada.

La charla fluía con el vino, la luz de las velas y la buena compañía. Cuando llegó el amanecer yo ya le había contado mis sueños de ser piloto militar y así quedó sellada nuestra amistad para siempre.

Me pasé semanas intentando ligar con Nico pero no hubo manera, sabía que tenía serias competidoras en la universidad porque había visto como otras chicas le miraban. Era como una jungla y Nico era una gacela en medio de depredadores. Hice lo imposible para que se fijara en mí, no como amiga o compañera de piso sino como algo más pero… fue imposible. Y cuando Tesa llegó a nuestras vidas desbarató mis planes. Tenía tres buenas razones para considerar a Tesa mi rival: era guapa, con mucha más experiencia que yo con los chicos —tenía novio desde hacía unos años— y había convertido un romántico dueto en un trío explosivo. Ella para mí era como la serpiente en mi particular Jardín del Edén.

Pero resultó ser todo lo contrario. Tesa era un ángel encantador y tanto Nico como yo aprendimos muchísimo de ella durante todos esos años.

Ellos dos se llevaban bien. Demasiado bien para mi gusto. Pasaban las tardes hablando sobre cosas que no me interesaban para nada, como programas de la tele, plantas, recetas de cocina… Algunas veces yo intentaba dirigir la conversación hacia temas más familiares, pero cuando les hablaba de fútbol u otras cosas que me gustaban, me daba cuenta de que hacían un esfuerzo sobrehumano para seguirme.

Me sentí un poco desplazada. Me gustaba más cuando estábamos los dos solos en casa, porque podía tener a Nico para mí sola, como en los viejos tiempos, aunque cuando él no estaba también me sentía muy cómoda con Tesa. Una noche, en casa, nos sentamos en el sofá, abrimos un vinito y empezamos a charlar de lo de siempre: los chicos. Ella me habló de su novio Pau y me preguntó si yo tenía pareja. Le mentí diciéndole que sí y la charla acabó derivando hacia un tema del que no me gustaba nada hablar, mi virginidad. Tenía veintiún años y nunca me había acostado con nadie; en ese momento pensaba que no era normal, creía que era la única virgen del planeta. Nunca había sentido la necesidad de tener sexo con un chico, por muy atractivo que me pudiera resultar. Excepto con Nico, aunque creo que era más un reto personal que las ganas que tenía de acostarme con él. Además, estaba completamente segura de que no era la única inexperta en esa casa.

Una vez por semana salía con mis amigos por Valencia. Me encantaba hacerlo por muchos motivos, pero ahora tenía uno más y era urgente: tenía veintiún años, era virgen y eso me molestaba. Tenía claro que la única manera de saber lo que se sentía al hacer el amor con un chico era haciéndolo, así que en una de nuestras salidas nocturnas, decidí que esa noche sería «la noche». Estaba con Tesa en nuestro chiringuito de verano favorito, pedimos dos copas y nos sentamos a una mesa donde teníamos una buena vista. Desde allí, para divertirnos, poníamos nota a todos los chicos que veíamos.

—Tesa, mira ese. ¿Qué te parece?

—No está mal.

Mi respuesta siempre era la misma: no. Cuando me preguntaba por qué, yo la miraba y no le daba explicaciones. A la tercera ronda de chupitos, creo que me volví menos selectiva, y aun así Tesa me sorprendió:

—Estoy empezando a pensar —me dijo bajando la voz— que tú no quieres perder tu virginidad. ¿A ti realmente te gustan los chicos?

53

—Pues claro, qué tontería acabas de decir.

Tesa señaló a un chico por encima de mi hombro.

—¿Qué te parece ese? —me preguntó. Lo miré y me di cuenta de que había encontrado al chico perfecto: alto, guapo y, lo más importante, parecía una persona normal.

—Ese es —le dije, sorprendiéndome hasta a mí misma—. Es él.

Se llamaba Álvaro, parecía un poco mayor que yo y seguramente con más experiencia, pero intenté demostrar todo lo contrario. Si por un momento hubiese sospechado que yo era todavía virgen, me habría muerto de vergüenza. Después de lo que consideré una mínima cantidad de conversación requerida para la ocasión, me ofreció una copa en su casa, que nunca se materializó, en lugar de eso nos fuimos directamente a su habitación.

Mientras él se tumbaba a mi lado, yo decidí seguir mis instintos. Me quité la camisa y comencé a explorar su cuerpo. Fui desde sus labios hacia su cuello... después coloqué su pierna entre mis muslos. «Abre un poco las piernas», me susurró, mientras mordisqueaba el lóbulo de mi oreja. Me besó la barbilla, el cuello y los pechos..., ávido, me desabrochó los vaqueros y los tiró al suelo. Le quité los pantalones mientras me besaba y empecé a moverme sobre su pene erecto... Fue cuando me di cuenta de su tamaño, ¿Realmente quería esa cosa desgarrándome el himen?

Pensar que mi cuerpo sería bruscamente invadido me asustaba y me excitaba a la vez. Estaba preparada y sabía que iba a tener un orgasmo, pero no quería saber nada de la penetración ni del dolor que suponía perder mi virginidad. Apreté mi cuerpo contra su pene, mis movimientos eran cada vez más urgentes a la vez que mi deseo aumentaba. Cuando pensaba que nunca ocurriría, llegó un torrente de satisfacción que invadió todos los poros de mi piel, me estremecí y me pegué a Álvaro mientras olas de placer se propagaban dentro de mí... Cuando todo terminó, me tumbé e intenté recuperar la respiración. Estaba relajada y me habría quedado dormida si hubiese estado sola, pero no lo estaba y Álvaro todavía no había satisfecho sus necesidades. Tenía los pantalones y el bóxer en las rodillas y tuve una segunda visión de su pene. Me pareció cómico y amenazante a la vez. Decidí que no quería saber nada de esa cosa. Salté de la cama y empecé a vestirme. Antes de que me preguntara, le di las típicas excusas: que si tenia mucha prisa, que si había sido un error, que todo había pasado muy rápido, que no había sido su culpa... Y cuando terminé de vestirme, me apresuré hasta la puerta y salí de allí tan rápido como pude.

Mientras caminaba hacia casa, me di cuenta de que una sonrisa iluminaba mi rostro, creo que estaba un poco nerviosa. Supongo que era algo normal después de esa experiencia, de mi primera experiencia con un chico. Todos esos nervios, estrés e incertidumbre, todas las horas que había pasado pensando cómo sería perder la virginidad y preocupándome de cuándo llegaría el momento, ¿para qué? Por un placer que era capaz de dármelo yo misma, sin necesidad de tener al lado a nadie más. De modo que decidí que a partir de entonces el sexo para mí sería una aventura conmigo misma y la obsesión por perder la viriginidad con un hombre quedaba descartada casi por completo.

Al día siguiente estuve dándole vueltas a lo ocurrido: ¿El sexo había sido bueno o malo? La verdad, no lo sabía. No tenía ni idea de qué era bueno o malo cuando se trataba de hacerlo con otra persona. Tenía claro que había sido un buen orgasmo, pero seguro que debía de haber algo más. Algo tan mitológico y misterioso como es perder la virginidad debería de ser casi una experiencia paranormal.

Pero había otra cosa que me agobiaba en esos días, desde que empecé la universidad echaba de menos el fútbol, y cuando me enteré de que habían formado un equipo en la facultad pensé que sería una oportunidad para volver a jugar. Era un equipo de fútbol sala y no me entusiasmaba mucho, prefería el fútbol once, pero igualmente quise apuntarme.

El primer día de entrenamiento llegué tarde y las otras jugadoras ya estaban en el campo, cuando salí del vestuario las observé. Algunas jugaban bastante bien, otras no tanto, pero no pasaba nada porque entrenando y poniéndole ganas podríamos tener un buen equipo. Cuando estaba a punto de entrar en el campo y presentarme, dos de las chicas comenzaron a empujarse. Una de ellas tenía la pelota escondida debajo de la camiseta y la otra estaba intentando quitársela. Me quedó claro que solo estaban jugando, cayeron al suelo pero no se dieron por vencidas, una le pellizcó el pecho a la otra y se apoderó del balón. «Eso es trampa», gritó abrazando por detrás a su amiga. «Deja mis tetas tranquilas.»

La pelota llegó a mí, hice un par de toques antes de devolverles el balón y conseguí llamar su atención. Durante el entrenamiento y ya más tarde, en el vestuario, conocí al resto de las jugadoras del equipo. Éramos un grupo muy «variopinto», de todas partes de España, unidas por el fútbol. Muchas de ellas, como yo, nunca hubieran imaginado que habría otras mujeres que compartieran la misma pasión. La mayoría eran mayores que yo y era divertido ver cómo se relacionaban entre ellas. Tras el entrenamiento, de camino a casa, varias veces me pillé a mí misma sonriendo y me di cuenta de cómo había echado de menos el fútbol.

Cuando llegué, intenté transmitir mi euforia a Nico y Tesa pero estaban viendo una serie en la tele y pasaron de mí. No pude explicarles que el fútbol no era simplemente ir detrás de un balón, había estrategia, táctica… En fin, ellos se lo perdían. En otro momento creo que me hubiera molestado la actitud de mis compañeros, pero esa noche estaba feliz, volvía a jugar al fútbol y ni nada ni nadie podían quitarme eso.

Era miércoles, quería celebrarlo y les propuse salir de marcha, pero ninguno de los dos estaba demasiado receptivo aquel día. Por aquella época, yo pensaba que estar en la universidad significaba aprovechar el tiempo lo máximo posible y salir todo lo que se pudiera. Uno nunca sabía qué día se acabaría esa vida y a mí me encantaba pasármelo bien. Además, para mí era casi una necesidad, pensaba que con los años se me pasaría pero no fue así, aún ahora es raro el fin de semana que no salgo. Lo necesito para airearme y pensar en cosas distintas al día a día.

Mis dos compañeras de equipo, las mismas que habían estado peleándose por el balón, eran ahora mis nuevas amigas. Una era Miranda y la otra se llamaba Daniela, pero todo el mundo la conocía

57

como Dani. Tenía el teléfono de Miranda en el bolsillo. «Cuando quieras salir llámame —me dijo—. Dani y yo siempre estamos preparadas.» ¿Siempre? Quise saber qué quería decir con eso y solo había una forma de averiguarlo: cogí el teléfono y marqué su número. Miranda contestó de inmediato, como si supiera que alguien la iba a llamar.

—Hola, ¿quién es?

—Erm… —Mi mente se quedó en blanco, consciente de que Nico y Tesa estaban disimuladamente prestando atención mientras fingían mirar la televisión. Me sentí un poco incómoda.

—¿Patricia? ¿Eres tú? —Miranda pareció alegrarse al oír mi voz.

—Sí, soy yo. Me dijiste que tú y Dani siempre estáis listas para salir.

—Estamos arreglándonos ahora mismo. Hemos quedado con unas amigas. Dame tu dirección y te recogemos por el camino.

Nos dirigimos al barrio del Carmen, totalmente desconocido para mí, lleno de bares y pubs. En aquella época el Carmen tenía fama de ser un barrio en el que no era recomendable pasear ni salir por la noche, pero a mí me pareció maravilloso. En Onda solo había dos pubs y para mí fue un gran cambio.

Llegamos a un local que tenía una Mona Lisa dibujada en la fachada.

—¿Has entrado alguna vez en un pub como este? —me preguntó Miranda mientras cruzábamos la puerta.

—¿Qué quieres decir? —pregunté un momento antes de que mis ojos me dieran la respuesta.

Estaba decorado con decenas de colores apenas

perceptibles en la oscuridad. Era pequeño y, además, tenía un billar en medio de la supuesta pista de baile. Las paredes tenían fotos de instrumentos musicales y había también alguna foto de Madonna. Pero lo que más me sorprendió fue la ausencia de chicos. Era un pub solo para chicas y ¡qué mujeres había allí! Algunas vestían con ropa informal pero otras lo habían dado todo para dejar claro lo que eran. Había chicas que parecían ir disfrazadas de James Dean en *Rebelde sin causa* o Liza Minnelli en *Cabaret*. Y había otras que, seguro, habían cogido algo prestado del armario de su padre. Si la forma de vestir no era suficiente, los besos, flirteos y demás me dejaron claro dónde estaba.

Viendo la expresión de mi cara, Miranda comenzó a reír.

—¿Pero tú de dónde vienes? ¿No tenéis estos pubs en tu pueblo?

—¿Tú crees que no sabe lo nuestro? —preguntó Dani mientras acariciaba la mejilla de su compañera y me guiñaba el ojo—. Es bastante obvio, ¿no?

Pues sí, estaba desconcertada, pero también impresionada y maravillada. Miranda y Dani eran aún más interesantes de lo que yo pensaba, eran mi salida a un nuevo mundo que esperaba que me siguiera sorprendiendo cada día más. Mi gran temor había sido siempre tener una vida aburrida, me encantaba descubrir cosas nuevas y anhelaba una vida llena de alicientes. Los pubs a los que solía ir con Tesa empezaban a aburrirme y ahora sabía por qué.

Quise dejar las cosas claras desde el primer momento: que no era como ellas y que para nada me interesaban las mujeres. Pero de nuevo me sorprendió su sinceridad.

59

—¿Sabes cuál es la diferencia entre una chica como tú y una como yo, Patri?

—Sorpréndeme... —le contesté con curiosidad.

—Ninguna.

Tras ese local vinieron otros, hasta que al final de la noche llegamos a La Hacienda. Miranda y Dani se fueron a la pista de baile e intentaron convencerme de que me uniera a ellas, pero yo preferí esperar, saber dónde me había metido y después bailar. Tuve tiempo de observarlo todo sin ningún tipo de reparo. Hasta ese momento había creído que solo había un tipo de lesbianas, como la chica con traje de chaqueta y tupé que habíamos visto en la puerta, pero esa noche me di cuenta de que me equivocaba. Me sorprendí a mí misma identificando tantos tipos de lesbianas como pude. Estaba la mujer-hombre, y hay que fijarse muy bien para saber si es mujer o hombre; otra especie fácilmente identificable era la heteropero, la amiga prototipo: su mejor amiga es lesbiana, sale por pubs de lesbianas, no tiene novio... pero intenta convencerse a sí misma de que es hetero; también está la heavy metal: lleva el pelo largo, una camiseta tres tallas más grande que ella de su grupo favorito, vaqueros ajustados y unas zapatillas; o la lesbi-fashion, que es guay y mola porque sí, con peinados cuanto más raros mejor y muchos piercings. Es lo más. Por último encontré a la lesbiana ángel, aquella que desea ser dominada, guapa, dulce y una presa fácil para las mujer-hombre; podrías pensar que eran heteros, que estaban allí por error, pero no, llegaron atraídas por la testosterona de las mujeres-hombre. Así que el resto de las chicas no las reconocían como de su propia especie y las ignoraban a pesar de soñar con llevarse a casa ese trofeo.

Una parte de mí sospechaba que la mayoría de ellas eran lesbianas por elección más que por naturaleza. En algún momento a lo largo de su vida habían decidido desmarcarse del resto de la sociedad y ser diferentes. Y, por supuesto, como otras personas que querían ser especiales, formaban un grupo realmente único. En algún lugar de este mundo existía una fábrica que producía mujeres-hombre, todas iguales, con las mismas características.

Mi primera noche allí me abrió los ojos a un mundo inédito. Por supuesto, sabía de la existencia de las lesbianas, pero no tenía la más remota idea de que había unos lugares de ambiente exclusivamente lésbico. Pensaba, prejuzgaba, que debían de ser una especie de mujeres solitarias que escondían sus urgencias sexuales hasta que no podían aguantar más. Pero no, viendo a Miranda y a Dani bailando con otras chicas, dándose abrazos y algún beso apasionado, me fascinó la naturalidad de todo aquello. Excepto por la ausencia de hombres, La Hacienda era como cualquier otro pub.

En alguna ocasión me di cuenta de que alguna chica me miraba y eso me incomodaba bastante. Si hubiera tenido un cartel anunciando «No soy gay» me lo hubiera colgado del cuello para no dar pie a malentendidos. Tenía muy claro quién era. Mejor dicho, quién no era, y yo no era una de ellas, ni ahora, ni nunca. O eso creía.

Ahora me doy cuenta de que durante esos años, por algún motivo, no quería reconocer quién era yo realmente. Mi subconsciente parecía darme pistas, pero mi cerebro se negaba a aceptarlas. Estaba muy convencida de lo que era y de que todas aquellas chicas de los pubs de ambiente habían hecho otra elección debido a una mala experiencia sexual.

Más allá de mis pensamientos y cábalas sobre mi orientación sexual, me sentía muy a gusto con la vida que tenía. El curso avanzaba y yo empezaba a descubrir qué era la verdadera felicidad. Estaba a gusto en casa con Nico y Tesa, volvía a jugar al fútbol, había encontrado un grupo de amigas con las que disfrutaba saliendo… Además, dos veces al mes visitaba a mi madre en Onda. El monstruo se había marchado y finalmente aquella casa empezaba a ser un hogar para mí. No más opresión ni violencia. Mi padre había abandonado a mi madre y es la única cosa buena que recuerdo que hubiese hecho por ella. A pesar de cómo la trataba, ella nunca se hubiese separado de él, le amaba y nunca se dio cuenta de lo nocivo que era para todos nosotros.

Ahora quizá mi madre pudiese empezar una nueva vida sola. Era joven, bonita e inteligente, podía conseguir lo que quisiera sin tener que someterse a ningún hombre; podía ser una mujer feliz, con una gran autoestima y un buen trabajo. Estuvieron juntos veinticinco años, le había hecho mucho daño pero yo estaba segura de que no dejaría que ningún hombre la hiriera de nuevo. Me daba la sensación de que prefería tener una feliz, saludable y apasionada relación con ella misma, que durara para siempre. Tenía cuarenta y cinco años, se sacó el carné de conducir, empezó a salir a bailar con sus amigas, trabajaba, estaba más tranquila, incluso tomaba sus propias decisiones. Me visitaba casi todos los domingos y me encantaba pasar el día con ella. Estaba muy orgullosa de mi nueva madre.

Realmente, no sé cómo vivió interiormente la separación. Sí recuerdo que a mí me hizo muy feliz que mi padre desapareciera de nuestras vidas y di por hecho que ella sentiría lo mismo que yo. Era toda una liberación después de haber sufrido durante tantos años. Aunque mi madre siempre buscaba excusas para justificar el comportamiento de mi padre e incluso veía cosas buenas en él, francamente nunca lo entendí. Estuvo enamorada de un hombre que no se merecía a una mujer como ella. Después de tantos años juntos, ahora podría tener su espacio y disfrutar de su tiempo. Estaba contenta y me sentía bien conmigo misma, viendo a mi madre tranquila y feliz, y rodeada de amigos como Nico y Tesa. Solo había una época del año que me sobrepasaba y era cuando llegaban los exámenes. Siempre pedía a Dios o a quien fuera la posibilidad de tener poderes sobrenaturales y crear copias de mí misma para estar en dos o tres sitios a la vez. Así, una Patricia podría pasar el tiempo jugando al fútbol mientras otra trabajaba, una tercera estudiaba para aprobar los malditos exámenes y una última salía de marcha con sus amigos. Como se puede adivinar, nunca adquirí esa habilidad. Un día no tenía suficientes horas para todo y a mí no me gustaba hacer las cosas a medias. Cuando se trataba de jugar al fútbol o salir, lo daba todo. Además, tenía que trabajar para pagar mis estudios. Hacía encuestas por la calle, lo cual significaba que al final del día, y sin ninguna copia de mí misma, tenía descuidados mis estudios.

Cuando llegué a la universidad tenía la firme intención de ser una buena estudiante, ir a todas las clases, tomar apuntes, hacer los trabajos que pedían los profesores, estudiar todas las noches... Por supuesto, no fue así. Tenía la convicción de que los universitarios debían salir y divertirse como si no hubiera un mañana y vivía en un absurdo paraíso sin dar mucha importancia al futuro. Mis verdaderas ocupaciones eran salir por la noche y jugar al fútbol, de modo que cada vez que llegaba la época de exámenes me pillaban por sorpresa y sin haber estudiado.

Exámenes. Una exquisita forma de tortura que parece haber sido diseñada por la Inquisición. El silencio se mete en tu cabeza, te carcome hasta el alma, las dudas forman un oscuro espejo en el que estás obligada a mirarte fijamente y que solo refleja tu mirada vacía y asustada. Durante toda mi vida, los exámenes han sido una fuente de pánico para mí, me hacen sentir como un portero diminuto en una portería del tamaño de un hangar para aviones, esperando a que el delantero chute su penalti.

A principio de semana me proponía firmemente estudiar más y salir menos. Pero había encontrado un nuevo ambiente y unas amigas con las que me sentía cómoda. Compartíamos muchos intereses, pero sobre todo y especialmente nuestro amor por el fútbol. Me apetecía pasar más tiempo con ellas. Así que seguía saliendo casi todas las noches. Fue durante esas salidas nocturnas cuando poco a poco fui descubriendo un nuevo mundo que me atraparía sin piedad.

Muchos fines de semana iba a casa, a Onda, y mi abuela ya me esperaba. Ella y mi abuelo se habían mudado a nuestra casa poco antes de que mi padre se largara. La quería mucho, pero no veíamos las cosas de la misma manera.

64

Un sábado, cuando estaba preparándome para salir, mi abuela me repitió el mismo refrán de siempre: «El buen paño en el arca se vende». Era su forma de decirme que salir no era bueno para mi reputación. Ella llevaba puesto su vestido negro y estaba buscando sus guantes, arreglándose para ir a la iglesia. En Onda es normal que las mujeres muy devotas se pasen parte de la noche del sábado rezando en la iglesia, por eso en alguna ocasión mi abuela y yo habíamos coincidido de madrugada en la puerta de casa: ella regresaba de su pub y yo del mío.

—¿Vas a la iglesia? —le pregunté—. ¿Un sábado por la noche?

—Voy a rezar por todos vosotros, especialmente por ti, para que vuelvas al buen camino —me explicó.

—¿Por qué no rezas en casa? Dios está en todas partes.

—Deberías venir conmigo, Patricia, y confesar todos tus pecados.

—Creo que me tomaría mucho tiempo, el sacerdote tendría que hacer horas extras. Pásalo bien, abuela —le dije dándole un beso en la mejilla—. Intentaré no cometer muchos pecados esta noche.

Ese mismo sábado, me reuní con mis amigas en el bar de siempre y les conté mis aventuras en la universidad. La mayoría de ellas nunca había salido de su zona de confort y me sentía como Marco Polo o Cristóbal Colón en una nueva expedición. Les parecía todo fascinante y cuando me oyeron pronunciar la palabra «lesbiana» se les abrieron los ojos como platillos volantes.

Me asombraba el efecto que mis palabras tenían

en mis amigos. Estaban escandalizados por cosas que a mí me parecían normales y eso me hacía sentir mucho más madura y sofisticada, aunque realmente no fuera así.

Cuando no tenía entrenamiento, a veces, corría por la pista de la Universidad. Y un día para no aburrirme, me marqué un objetivo. Había un grupo de chicos detrás de mí y una chica justamente en la otra parte de la pista. Me propuse alcanzarla y empecé a correr cada vez a más velocidad. Ella corría rápido, sabía lo que hacía. Me costó una vuelta y media alcanzarla. Cuando logré colocarme justo detrás de ella pude ver sus piernas, estaban bronceadas y tonificadas, quizás corría cada día. Posiblemente participaba en carreras, no como yo. Yo era una futbolista, no una *runner*; había pasado prácticamente toda mi vida haciendo deporte y no había ni una sola señal de ello en todo mi cuerpo.

Cuando la chica notó que la estaba alcanzando, apretó el ritmo. Me hizo reír. Pensé: «Esto va a ser interesante». Para mí solo era un juego mental para no aburrirme pero no quería perder esta carrera. Me gustaba ganar en todo lo que hacía. Sabía que ella podía correr más vueltas que yo porque se notaba que era una corredora con experiencia, pero ¿podría correr más rápido? Decidí correr muy cerca de ella pero sin sobrepasarla. Lo sé, la estaba presionando y era muy divertido. Estuvimos dos vueltas así, me estaba cansando y sabía que mi cuerpo no aguantaría mucho más. Llevaba un ritmo demasiado alto para mí y decidí ponerme a su lado.

—¿Estas picándote conmigo? —le pregunté.

—Pues no. Estoy entrenando —me contestó seria.

Me estaba riendo por dentro. Estaba claro que esa chica sí que estaba compitiendo conmigo.

—No te esfuerces, mi abuela corre más rápido que tú —le dije.

—Estoy aquí hace cuarenta minutos y tú acabas de llegar —se defendió.

—Excusas... —le respondí con una sonrisa mientras aceleraba y la dejaba detrás.

Era morena, con unos ojos verdes preciosos y unos labios carnosos que incitaban a besarla. Un poco más alta que yo. No miré atrás y no me di cuenta de que ya no me seguía hasta que llegué a la otra mitad de la pista. Estaba en el suelo sentada, estirando los músculos, quizás había excedido sus límites. Continué corriendo hasta el punto donde estaba ella y paré.

—¿Estás bien? —le pregunté.

—¿Sabes una cosa? No tienes deportividad ni espíritu de *runner*.

—Lo sé, no tengo ese espíritu porque no soy una *runner*, pero aun así te he ganado —le dije con retintín. Se estaba enfadando y yo estaba disfrutando de lo lindo.

—Estás equivocada. Estoy cansada. He venido aquí después de trabajar doce horas —me contestó.

—Buena excusa. Te recomiendo que te cambies de trabajo —le aconsejé.

—Me encanta mi trabajo. Soy asistente de vuelo y no lo cambio por nada.

—¿En serio? —Me reí.

—¿De qué te ríes? —me preguntó indignada—. Mañana no puedo venir pero pasado mañana estaré aquí a la misma hora. Si te atreves y no te da miedo, puedes venir e intentar ganarme —me retó.

—No lo sé, es demasiado fácil —le contesté y continué corriendo. Sabía que me estaba portando como una tonta pero solo estaba jugando. No entiendo muy bien por qué algunas personas le dan importancia a cosas así. Corrí hasta que ella se alejó de la pista y luego me marché.

En esa época quería acabar la carrera tan pronto como pudiera para prepararme bien para ser piloto. Era difícil hacer en un año todo lo que no había hecho durante todos los años que había estado en Valencia. De vez en cuando, me encantaba leer artículos sobre aviones porque eran totalmente diferentes a lo que estaba estudiando, pasaba de Teoría de la literatura a Motores a reacción. Mi habitación estaba decorada con fotos de mis amigos, entradas de conciertos y un póster gigante vuelto al revés. En ese trozo enorme de papel en blanco, todos los invitados a nuestro piso firmaban y escribían lo que les apetecía. Y, colgado del techo, tenía un flotador en forma de avión que me había regalado el novio de Tesa y que de vez en cuando tenía que hinchar porque iba perdiendo aire.

El día de mi reto con la *runner* llegó. Estaba en el balcón de mi habitación estudiando y recordé que esa misma tarde tenía una carrera muy importante que ganar. No sabía ni su nombre, pero recordaba sus ojos verdes y su enfado. Mientras pensaba en ella, me entró la risa por lo estúpido de la situación.

Caminando hacia la universidad me sentía un poco nerviosa. No sabía qué iba a pasar, intenté mentalizarme de que era solo una carrera y de que no pasaba nada si me ganaba, pero sabía que si ocurría no me gustaría nada.

Llegué a la pista de atletismo unos minutos tarde, la busqué pero no la encontré. Quizá ya se había marchado, quizá yo me lo había tomado demasiado en serio y para ella no significaba nada, y por eso no había venido. Tantos nervios para esto, me sentía un poco decepcionada. «Supongo que ya que estoy aquí, voy a correr», me dije, y me puse a ello. Cuando llevaba media hora corriendo apareció ella.

—¿Preparada para perder?

—Pensaba que te habías asustado —le contesté mientras continuaba corriendo. No sabía por qué, pero me alegraba de que hubiese venido. Ya estaba un poco cansada, pero fingí lo contrario. Pronto me alcanzó.

—¿Preparada?

—¿Preparada para qué? —le respondí.

—Para la carrera.

—La carrera empezaba hace casi una hora.

—Podemos hacerla ahora —insistió.

—Ahora no puedo —le contesté.

—Mira quién tiene miedo —me dijo con una sonrisa.

Creo que me molestó que llegara tan tarde. Estaba cansada y no quería perder. Me gustan los retos y ganarlos, de modo que decidí no correr porque no estaba segura de ganar.

—Lo siento, no pude venir antes. Déjame que te invite a un chupito esta noche, voy a salir con unos amigos. Hay una fiesta en uno de esos pubs que están cerca de la universidad.

—No, gracias. Tengo cosas mejores que hacer —le

contesté antes de marcharme. Tenía que estudiar y no me apetecía salir.

Pero todos los jueves me pasaba lo mismo: por la mañana, empezaba a pensar que no saldría; por la tarde, me decía a mí misma que las clases de los viernes no eran demasiado importantes, y cuando llegaba la noche, mi cuerpo sufría una reacción física: me ponía ansiosa, quería salir y mi mente intentaba luchar con todas sus fuerzas contra esa gran fuerza. Era muy difícil. Al final, mi mente sucumbía a mi cuerpo y me engañaba a mí misma diciéndome: «Esta es la última vez».

Esa noche, sin poder remediarlo, terminé saliendo con Tesa y por casualidad me encontré con mi rival en la pista de atletismo. Se llamaba Ainhoa y acabamos de fiesta con ella.

70 Cuando todos los bares cerraron les propuse ir a casa y para mi sorpresa Ainhoa aceptó.

Tras tomar algunas copas más en casa, Ainhoa y yo fuimos hasta mi habitación y una vez dentro, se aproximó a la puerta y me preguntó con dulzura:

—Si la cierro, ¿te vas a asustar?

Yo le sonreí mientras ella me besaba y me quitaba muy despacio la ropa. Nos echamos en la cama y ella siguió besándome y acariciándome hasta que sus manos llegaron a mi tanga. Cuando me quise dar cuenta, su lengua tentaba con maestría mi clítoris y pude sentir como me llenaba de deseo mientras ella se colocaba encima de mí y rozaba mi clítoris y mis labios húmedos. Era tan sensual y excitante que pude sentir el pulso de su vagina pidiendo más placer, como rogándome que la penetrara. En ese instante sentí como si entrara en ella. Sus gemidos empezaron a ser incontrolables mientras su cuerpo se agitaba de placer y éxtasis. Cuando me di cuenta de ello, mi cuerpo siguió al suyo y estalló de placer. Todo acabó con una dulce sonrisa, seguida de un beso y un tierno abrazo.

Fue mi primera experiencia con una mujer y resultó fantástico, había esperado mucho tiempo pero valió la pena y, por supuesto, no le dije que era mi primera vez, no quería que lo supiera. A la mañana siguiente Ainhoa seguía a mi lado, fui a la cocina a tomar un café y cuando regresé ya estaba despierta, ojeando una de mis revistas sobre aviones.

—¿Te gusta? —le pregunté al entrar.

—Está bien. A mí me gusta mi trabajo porque puedes viajar a muchos sitios, conocer gente, ir a fiestas, pero no me gustan los aviones y no compro estas revistas.

—Pues yo no sé nada de la vida de los pilotos pero me encantan los aviones —le dije.

—Nunca he volado con una piloto, pero me gustaría. Tienes que saber algo: algunos pilotos nos tratan como objetos, como si tuviéramos la obligación de servirles. No creo que acepten fácilmente a una mujer piloto.

—A lo mejor los militares son más respetuosos —argumenté.

—No creo. La mayoría de los pilotos civiles han sido pilotos militares antes y son peores que los otros —me aclaró.

—Pues qué bien, estamos bastante lejos de alcanzar la igualdad.

Υ

Durante la semana siguiente me sentí un poco estresada, faltaba poco para los exámenes finales. Tenía que terminar la carrera para ponerme en serio a preparar la oposición de piloto militar. Debía decidir entre el Ejército del Aire y la Armada Española, que tenían prácticamente los mismos exámenes y pruebas físicas. Lo único que me preocupaba respecto a las pruebas físicas era la natación. No me gustaba nadar, por eso no practicaba habitualmente, pero tenía que hacerlo y con un tiempo límite. Debía aprender a nadar mejor y más rápido. Tesa era una gran nadadora y seguro que me ayudaría.

Fue una semana lluviosa y me vino bien para quitarme posibles tentaciones de salir. Debía aprobar dos exámenes más y después ya podía dedicarme en exclusiva a la oposición de piloto. Dejé el equipo de fútbol, no podía comprometerme más y fue una de las decisiones más difíciles que he tomado, pero tenía que pensar en mi futuro. Echaba de menos jugar pero me tocaba ser fuerte, estábamos en época de exámenes. Cada día intentaba seguir mi rutina: me levantaba muy temprano y empezaba a estudiar, hacía un descanso que aprovechaba para preparar las pruebas físicas del examen, comía, seguía estudiando, iba a la piscina, estudiaba y me metía en la cama. De vez en cuando, mi rutina se interrumpía por las visitas de Ainhoa, que era una chica encantadora pero yo no estaba lista para una relación. Cada momento que pasaba con ella lo disfrutaba al máximo pero empezaba a tener remordimientos por el tiempo que no destinaba a los estudios. No sabía cómo enfrentarme a la situación, no quería hacerle daño a Ainhoa, pero me asfixiaba y tenía que hacer algo.

Al final, me pudo la impaciencia y la necesidad de centrarme definitivamente en mis estudios, de modo que un día que vino a casa para decirme que tenía el día libre y que quería pasarlo conmigo exploté.

Acabamos peleadas y se marchó dando un portazo al salir que fue el fin de nuestra relación. Me supo mal. Pero por otra parte, me sentí liberada; ahora ya podría ser otra vez dueña de mi tiempo y de mi vida. Necesitaba pensar, calmarme y ponerme a estudiar. Antes de esta discusión, mi subconsciente ya había decidido que no quería continuar con ella; era un momento de cambios en mi vida y Ainhoa no estaba en ellos.

Por fin había llegado la semana de los exámenes finales. Si aprobaba, terminaría otra etapa. Ahora podía decir que los años en la universidad habían sido los mejores de mi vida, viviendo sola, experimentando nuevas sensaciones, haciendo amigos, el fútbol, mi amistad con Tesa y Nico... Todas estas cosas me habían hecho realmente feliz durante aquellos años.

Tras los exámenes tenía una semana hasta saber las notas de modo que decidí irme a Onda para estar con mi familia y con mis amigos, porque sabía que cuando empezara a prepararme para la oposición de piloto sería difícil verles.

Volver a casa tras esos meses de infarto me hizo feliz. A veces era como un retorno al pasado: la forma de pensar de los míos, la ciudad en sí misma, su olor, sus colores... Mis amigas y yo ya no éramos unas niñas, habíamos tomado diferentes caminos en la vida; yo era la que siempre estaba fuera, la diferente de las demás y era feliz por eso.

Mi amiga Raquel siempre me decía: «Estoy harta de hacer lo que todo el mundo espera de mí. Tú en cambio haces lo que te apetece. Soy una cobarde». Pienso que cada persona elige la vida que quiere vivir, yo no hubiera sido feliz quedándome en casa, casada y con tres hijos. Ojalá fuera así, hubiera sido todo más fácil y no tendría que fingir ser alguien que no soy. Definitivamente no me gustaban los chicos y después de mis últimas experiencias, ya podía declararme oficialmente lesbiana. ¿Por qué yo? ¿Por qué no me di cuenta antes? No tenía una explicación científica para eso. Pero tenía la mía. Nuestro cuerpo, nuestra forma de ser es completamente diferente al de los hombres. Besar a una chica mientras saboreas el sabor de su brillo de labios, no tener que sufrir barbas incipientes, no usar ningún método anticonceptivo, alta probabilidad de compartir zapatos, pantalones y camisetas, cantidad de tampones y, lo más importante, poder disfrutar de un orgasmo tras otro, no se puede comparar.

El problema ahora era cómo presentarme ante mi mundo como lesbiana. Pero ¿por qué tenía que definirme como una cosa u otra? Nadie lo hace. No conozco a nadie que diga: «Hola, soy Dolores y soy heterosexual». ¿Por qué los gays tenemos que hacerlo? Yo no necesito conocer esa información de nadie, me gusta la gente por su forma de ser, no por su forma de amar. Incluso hay personas que cuando se enteran de que eres gay tienen la necesidad imperiosa de que se lo cuentes al resto del mundo: «¿Tu familia lo sabe?», «Debes decirlo en el trabajo, no es nada malo».

Desafortunadamente, lo es. Hay algo enfermo en esta sociedad que puede juzgarte y discriminarte por el hecho de amar a una persona de tu mismo sexo. Esta parte me duele, y mucho. A veces creo que la sociedad, que tan moderna nos parece, sigue anclada en el pasado y nunca va a cambiar. ¿Cuál es el problema? El amor o el sexo entre dos adultos es fantástico y no creo que acostarse con alguien de tu mismo sexo te convierta en una mala persona o en un profesional espantoso. Se es malo o bueno por naturaleza, no por ser gay. Lo que de verdad es depravado son las personas que pegan y violan a mujeres y niños.

En ese momento no me asustaba salir del armario, simplemente no me apetecía tener ese tipo de conversación con mi familia y amigos. «¿De verdad? No me lo esperaba, no se te nota nada», o «¿Soy la primera en saberlo?....» En el fondo quería que mis amigas lo supieran, era algo importante para mí y estaba convencida de que iban a apoyar mi «declaración de lesbianismo». Sería magnífico poder ser totalmente honesta conmigo misma y con todas las personas que me rodeaban y no tener que aguantar esta nube negra coloreada por un arcoíris suspendido sobre mi cabeza.

Mi madre me recogió en la estación de tren, como siempre. Cuando llegamos a casa, mi abuela estaba rezando el rosario. Ella siempre rezaba por todos nosotros, por eso yo me sentía muy tranquila: sabía que por mucho que pecara, si algo me ocurría, tendría una zona vip reservada en el cielo. La encontré realmente mayor, tenía ochenta y cinco años, su visión había empeorado y su corazón fallaba, incluso llevaba un marcapasos. Sin embargo, su vitalidad seguía siendo la misma: bailaba conmigo, cocinaba, iba a la iglesia, cosía... la echaba mucho de menos. Comimos juntas, había preparado mi comida favorita y, como siempre, tuvimos una interesante conversación. Esta vez intenté convencerla de que tenía que rehacer su vida y buscarse un novio.

—No tengo ganas de lavar la ropa de nadie —me contestó—. Tú eres la que tienes que buscarte un novio. Yo ya lo tuve, ahora te toca a ti. Las mujeres están en la tierra para procrear y a ti se te pasará el arroz.

—Abuela, tengo muchas cosas que hacer antes de ser madre —le expliqué.

Había nacido en otra época y seguía sin entender que una mujer podía tener otra función en esta sociedad además de la de casarse y tener hijos.

Después de comer, fui a tomar café con mis amigas, siempre pasábamos horas y horas hablando, pero aún no me sentía preparada para contarles mi secreto. Era divertido, mi amiga Marta siempre me preguntaba por mi opinión sobre los chicos.

—Patri, mira a ese, no me digas que no está bien. Al menos te tengo a ti, las otras tienen muy mal gusto. —Ahora me río al recordar esas situaciones.

Las notas por fin salieron y afortunadamente aprobé todos los exámenes. Se acabó mi etapa universitaria y ahora debía prepararme muy bien para ser piloto militar. Tenía nueve meses por delante para estudiar matemáticas, física, la Constitución… y muchas más cosas. Estaba preocupada porque algunas materias no las había estudiado nunca, además tenía que trabajar para poder mantenerme. Así pasaban mis días, estudiando y trabajando. Se acabó mi vida social y mi única relación con humanos eran Nico, Tesa y mi amiga Miranda.

Miranda continuaba jugando al fútbol, de vez en cuando venía a casa y nos poníamos al día. Estaba sorprendida por mi cambio de vida. Después de haber asistido a innumerables fiestas juntas, no entendía cómo de repente me podía encerrar en casa para estudiar sin salir ni ver a nadie. En una de sus visitas me propuso ir a verla jugar un partido de fútbol sala. Decidí hacerlo, necesitaba aire fresco. Cuando llegué al pabellón solo estaban las jugadoras y otra chica en la grada y como yo también estaba sola, decidí sentarme cerca de ella. Su cara me era familiar y tenía un enorme libro en su regazo que me llamó la atención.

—Tú eres… Carla, ¿verdad? —Su nombre me vino a la cabeza. La había conocido hacía mucho tiempo en un concierto. Era amiga de una amiga de Miranda.

—Hola, ¿qué tal? —me contestó con una sonrisa.

—Muy bien. Tengo una curiosidad: ¿qué es ese libro tan gordo?

—Es un libro de palmeras —me respondió—. Parece aburrido pero es mi trabajo.

—No sé nada de árboles pero supongo que alguien tiene que cuidarlos.

—¿Y tú qué cuidas? —me preguntó.

—Estoy estudiando para ser piloto militar… está difícil. Tengo problemas con las matemáticas porque desde el instituto nos las he estudiado —le expliqué.

—Puedo ayudarte. Se me dan bien.

—Gracias, apúntate mi número y si tienes tiempo llámame y quedamos —le dije.

Lo sé, no tiene sentido, yo era quien necesitaba ayuda y no le pedí su teléfono, tan solo le di el mío. ¿Cómo iba a llamarla si me surgían dudas? Brillante. El partido terminó y me fui a casa.

Los días pasaban y yo seguía estudiando sin descanso. Eso sí era estudiar, no lo que había hecho durante toda mi vida. Una tarde, mi cerebro ya no podía retener más información y decidí llamar a Miranda para tomar una cerveza. Había quedado con una amiga para ir al cine pero antes tenía un poco de tiempo para charlar, me recogió y fuimos a un bar que había cerca de mi casa. Habíamos pasado casi dos meses sin vernos y la echaba de menos.

Yo estaba orgullosa de mi transformación, no había sido una estudiante modelo en la universidad y ahora me comportaba como si estuviera preparándome para el MIR. La situación era muy diferente: luchaba para conseguir mi sueño. Sabía que era difícil porque se trataba de una oposición e iba a competir con gente muy preparada y que, además, tenía experiencia militar. Necesitaba estar concentrada al cien por cien. Todo el esfuerzo que no había hecho años atrás, lo estaba haciendo ahora multiplicado por mil y me estresaba saber que solo había tres plazas para cientos de aspirantes a piloto.

Esa tarde, Miranda y yo nos reímos mucho recordando viejas historias. Llevábamos más de dos horas charlando cuando me dijo que debía irse porque había quedado con su amiga Carla para ir a ver una película. Me invitó a ir con ellas pero a mí no me apetecía nada meterme en un cine después de tomarme tres cervezas, de modo que le propuse que llamara a Carla y nos fuéramos a cenar. Carla aceptó y después de la cena fuimos a tomar algo a un pub cerca de allí, pero Miranda arrastraba una lesión de rodilla y quería irse a casa pronto. Yo, como otras tantas veces, estaba dispuesta a todo, hacía meses que huía de cualquier tentación de salir pero esa noche sucumbí y Carla no me lo puso muy difícil. Apenas la conocía, pero sabía que lo íbamos a pasar bien. Así fue: bailamos, reímos, cantamos... hasta que ya no quedó ningún local abierto. Al terminar la noche, se ofreció a llevarme a mi casa, y al llegar a mi portal le propuse que se quedara a dormir. No había nadie en el piso, era un domingo de madrugada, y Tesa y Nico estaban pasando el fin de semana fuera.

—¿Quieres una camiseta? —le pregunté.

—Sí, por favor.

—Esta es mi habitación, siéntete como en tu casa —le dije.

Fui al baño, y cuando volví estaba tumbada en el lado izquierdo de la cama.

Nuestras espaldas se tocaban, nos dimos las buenas noches y ya estaba casi dormida cuando noté que Carla se volvía hacia mí. Tres segundos más tarde estaba sobre mí intentando besarme. Me sorprendió. Sé que suena raro porque al fin y al cabo yo la había invitado a mi casa y estaba en la cama conmigo, pero ese día era diferente. No había pensado en nada de eso. No la conocía mucho, pero su dulzura tenía algo especial y no lo quería estropear. Así que decliné su apetecible oferta.

Empezamos a quedar con regularidad. Carla era divertida, inteligente y muy atractiva. Diferente al resto de chicas que había conocido antes, especial, pero no podía saber si sería «ella». Al principio nos veíamos dos o tres veces por semana, más tarde acabamos quedando casi todos los días. Cada vez nos sentíamos más cómodas la una con la otra pero yo estaba convencida de que algo no iba bien. A veces, en el sofá, nos acariciábamos y besábamos, pero nunca pasábamos de eso. Estaba hecha un lío, quizá no le gustaba lo suficiente o simplemente Carla no estaba preparada. Yo no quise hacerla sentir incómoda y preferí esperar.

Durante ese tiempo, combatía en una lucha interna entre mis sentimientos por ella y la necesidad de estudiar. Todos los maravillosos momentos que pasaba a su lado se convertían más tarde en remordimientos que se acumulaban en mi interior. Tenía claro que todo mi esfuerzo sería en vano si bajaba mi ritmo de estudio.

No sabía si estaba enamorada de Carla, pero sí sentía algo especial dentro de mí. Éramos muy diferentes, ella era calmada y tímida, la paz que yo necesitaba en mi vida; y yo era lo contrario, impulsiva y extrovertida. Supongo que nos complementamos la una a la otra.

Nuestra relación se fue afianzando poco a poco y sentía la necesidad de contar mi pequeño secreto a las personas que eran importantes en mi vida. Carla me había presentado a los suyos como una amiga, pero yo quería que mi familia y mis amigos conocieran de verdad quién era. No era mi amiga, era mi pareja. Sabía que mi madre me apoyaría, como siempre lo había hecho, además jugaba con la ventaja de que ya se conocían y se tenían mucho cariño.

Como muchas otras veces, mi madre vino a visitarme. Le expliqué a Carla que era el momento ideal para contárselo. Necesitaba ser honesta con ella y conmigo misma. Mientras nos tomábamos un café en una terraza de la ciudad, aproveché que estábamos solas para soltarle la noticia.

—Mamá, ¿qué te parece Carla? —le pregunté.

—Es una chica muy agradable —me contestó.

—Quiero contarte algo muy importante para mí y como tú eres la persona más importante en mi vida, quiero que lo sepas —comencé—. Carla y yo estamos juntas.

Realmente no sabía qué esperar de ella, quería pensar que lo entendería o al menos que no me haría muchas preguntas.

—Me alegro mucho por ti, cariño —me contestó con una sonrisa.

Me sentí un poco decepcionada por su falta de interés y curiosidad, nada de: ¿Desde cuándo? o ¿por qué no me lo habías dicho antes? No mostró ni un poquito de asomo de sorpresa o inquietud.

—Gracias, mamá, pero... ¿así, sin ningún drama? —bromeé. Me sentía aliviada de habérselo dicho a pesar de que sabía de antemano que me iba a apoyar.

—¿Drama? Yo quiero que seas feliz. Si tú lo eres, yo también. Eso sí, la vida sería más fácil para ti si no fueses gay. Esta sociedad no es justa y puede hacerte mucho daño.

Cuando Carla llegó, nos reímos comparando la reacción que había tenido mi madre con la suya. La hermana de Carla también era homosexual. Cuando salió del armario, su madre montó un dramón. Le dijo algo así como: «¡Tu hermana me ha matado en vida! ¡No sé cómo voy a superarlo! Y eso que habéis ido a un colegio de monjas....». Carla tenía tres hermanas y su madre solía decir que tenía cuatro hijas: dos «normales» y dos «especiales».

Lo sé, era muy afortunada. Tenía amigas que habían cortado todo tipo de relaciónpor la única razón

81

de ser homosexuales. A mí me parece muy triste, somos la misma persona besemos a quien besemos. Nuestra orientación sexual es solo una parte de quién somos, nada cambia. Quizá las cosas son diferentes para nuestros padres porque la mayoría de ellos dan por sentado que sus hijos crecerán heterosexuales, se casarán y tendrán hijos. Pero este sueño no es el nuestro, es el suyo. Esta es nuestra vida y tenemos el derecho a vivirla de la forma que queramos.

Ahora era el momento de decírselo a mis amigos y la oportunidad llegó. Una de mis amigas, Raquel, celebraba el bautismo de su hija e íbamos a pasar el fin de semana todas juntas. Estaba un poco nerviosa, creo que incluso más que cuando se lo confesé a mi madre. Durante ese fin de semana tuve muchas oportunidades para contárselo. Carla me miraba con unos ojos que me decían: ¡A qué estás esperando! Y esperé hasta el momento del lanzamiento de caramelos para hacerlo. Estábamos todas en la calle, debajo del balcón de mi amiga y uní fuerzas para decidirme.

—Marta, ¿sabes qué? Que mi amiga Carla es mi novia, no mi amiga —le dije sin rodeos.

—¿Qué? —me dijo confundida—. ¿Tu qué? ¿Tu novia?

—Sí, Marta —le confirmé.

—No entiendo nada. A ti te gustan los chicos. Tú tenías novio antes, tú no puedes ser...

—Sí lo soy —le contesté.

—¡No Patri, tú no! —insistió.

Mi amiga Lola la miró estupefacta y me echó una mano.

—Vamos a ver, Marta, te está diciendo que es

lesbiana, que le gustan las chicas, ¿qué parte no entiendes?

—Nos conocemos desde los quince años y yo sé que le gustan los chicos —contestó.

—Ya no es así, ya no me gustan —le aclaré.

—Vale... O sea, Carla es tu novia ahora, pero ¿a ti te siguen gustando los chicos un poco?

—Sí, Marta. —Preferí dejarlo así. Los caramelos estaban a punto de caer.

—Una última cosa, ¿quién lo sabe? ¿Soy la última en enterarme? —añadió.

Fue más difícil que contárselo a mi madre. Tuve que convencer a Marta de que era gay, por poco me convence ella a mí de que no lo era. Como si fuera fácil para mí y, encima, en medio de un bautizo. Pero ya estaba hecho, mi familia y mis amigos conocían la verdad de mi relación con Carla. Fue un alivio, después de tanto tiempo negándome a mí misma mi condición sexual y escondiéndosela a los que quería. Ahora ya podía volar sola, sin disimulos ni mentiras, al menos en cuanto a mi vida personal. Otra cosa muy diferente sería la profesional, como vi pocos meses después.

El examen de la oposición para piloto militar estaba a punto de llegar y me encontraba cada día más nerviosa. No sabía cuántas oportunidades más tendría si no aprobaba ahora y quizá no habría más convocatorias si el ejército ya tenía suficientes pilotos. Nico y Tesa continuaban con su vida, esta dejó de buscar el amor platónico y se conformó con algo más real: seguía con Santi, un chico real que le daba más estabilidad y la hacía sufrir menos. Nico, por su parte, tenía muchas citas pero nadie parecía encajar con él.

Faltaba menos de un mes para el examen y ya había logrado mis tiempos para las pruebas físicas, incluso había conseguido una buena marca en natación. Cuando empecé a prepararme apenas podía hacer cinco flexiones, ahora hacía treinta sin ningún problema. Carla me decía que cada día aparecían nuevos músculos en mi cuerpo. Mi única opción era aprobar la oposición. Quería cumplir mi sueño y demostrarle a mi abuela que una mujer podía ser piloto, que nosotras podíamos hacer algo más que cuidar de nuestros maridos. Sabía que a pesar de no vivir la vida que ella esperaba para mí, estaría orgullosa. Pero, desafortunadamente para las dos, ese momento nunca llegó.

Recibí una llamada de mi madre desde el hospital. Mi abuela, la mujer más fuerte del mundo, ¿estaba enferma? No me había dado cuenta hasta ese momento de que los años también pasaban para ella. Estaba llena de energía, de vida, era más ágil que yo misma, caminaba a la velocidad de una mujer de treinta años; su único problema era el corazón, el mismo con el que había ayudado a tantísima gente.

Llegué al hospital, corrí hacía su habitación y, al llegar, la vi en la cama, pero no como una anciana sino sentada con las piernas cruzadas, rezando el rosario.

—Abuela, pero ¿qué haces aquí?

—Y tú, ¿qué haces aquí? Deberías estar estudiando.

—¡Tengo una sorpresa para ti! Te he traído tu pastel favorito.

—¡Guárdate el dinero! —me respondió, quitándome el pastel de las manos.

Mi madre me contó que el corazón le fallaba y los médicos consideraban arriesgado someterla a otra operación para cambiar por tercera vez el marcapasos. Ya era demasiado mayor. Yo quería estar allí, la echaba de menos. Durante esos días, mi madre y yo permanecimos en el hospital cuidando de ella. Solo volvía a Valencia cuando tenía que trabajar. Me llevé mis apuntes al hospital y durante la noche, cuando ella dormía, me encerraba en el baño y empezaba mi sesión de estudio. Durante el día, amigos, familiares y Carla, nos visitaban en el hospital.

No noté ningún cambio en la salud de mi abuela, por lo que al cabo de unos días, mientras estaba en Valencia por trabajo, me sorprendió recibir una llamada de mi madre.

—Patricia, la abuela está peor, ven tan rápido como puedas.

Al llegar, vi a mi madre a un lado de su cama, todo estaba en calma, demasiado silencioso, no oí su voz rezando el rosario. De inmediato lo supe: mi abuela había muerto. Me acerqué a ella, la miré, la abracé y le di un beso. Le quité el escapulario del cuello y me lo guardé en el bolsillo. Desde entonces, lo he llevado conmigo en todos mis vuelos.

3

Volando sola
(o de nuevo en un mundo de hombres)

*«And I try, oh my god do I try, I try all the time,
in this institution, and I pray, oh my god do I pray,
I pray every single day for a revolution.»*

4 Non Blondes, *What's up*

* * *

$\mathcal{D}$iez días después de la muerte de mi abuela tuve que enfrentarme a la oposición. Los exámenes de la Armada y del Ejército del Aire coincidieron el mismo día en ciudades diferentes. Y yo elegí la Armada porque la posibilidad de poder aterrizar en un barco me parecía fascinante.

Estaba en Madrid sola, tenía tres días de exámenes, otro para las pruebas médicas y el último para las físicas. Entre los opositores éramos cinco chicas y decenas de chicos. ¿Por qué? ¿Por qué las chicas no se presentaban en mayor número? Cuantas más fuéramos más fuerza tendríamos, pensaba entonces. Unas preguntas inocentes que pronto tendrían su respuesta.

La mayoría de los compañeros ya tenían experiencia militar y yo me sentía un poco intimidada. Se comportaban como si lo supieran todo dentro de la Armada, y usaban palabras que yo ni siquiera sabía que existieran. Aquello no era un examen de la universidad, que apruebas o suspendes, era una competición durísima y no me di cuenta hasta el tercer día, cuando uno de los opositores me amenazó.

—Ten cuidado, a una mujer caminando sola por las calles de Madrid le puede pasar algo —me dijo.

No conocía de nada a ese chico, estaba en una gran ciudad y, honestamente, su amenaza me asustó. Pero ese fue solo un aperitivo de lo que un mundo dominado por hombres puede ofrecerle a una mujer.

Llegó el día de las pruebas físicas, temía poder caerme o lesionarme, o incluso sufrir un calambre nadando, pero no me esperaba encontrar de nuevo al compañero que me amenazó días antes. Se acercó a mí antes de la carrera.

—No te vi por Madrid… Oye, por cierto, sería una pena que ahora tropezaras con alguien y te eliminaran de la prueba.

No le contesté y pensé que lo mejor sería decírselo al examinador. Cuando se lo comenté, me miró y comenzó a reírse. Era el principio de lo que me iba a encontrar dentro de esa institución.

Cuando ya estaba en la Escuela Naval supe que ese chico se había presentado muchas veces a las pruebas sin demasiado éxito. Tampoco sabía, en el momento de hacer la oposición, que había unas listas públicas con nuestros nombres y el lugar que ocupábamos, de modo que si había tres plazas para piloto, y yo estaba en el tercer lugar y él en el cuarto, ya sabía a quién debía socavar para ascender.

A los nervios de las pruebas físicas, se añadía el temor a los calambres al nadar. No me gusta la natación, siempre me dan calambres en el gemelo cuando estoy en el agua y durante las pruebas temía que me diera uno, ya que no puedes hacerlas dos veces. Al final quedé segunda de la oposición, aunque creo que si solo se hubieran tenido en cuenta los exámenes hubiese quedado primera y con mucha diferencia, pero mis compañeros tenían puntos añadidos por ser ya militares.

Después de todas las pruebas, de todo el estrés y de todo el sufrimiento conseguí entrar. Solo había tres plazas de piloto y una era mía. Casi no me lo podía creer, era un sueño hecho realidad, fue uno de los días más felices de mi vida. Carla y yo pasamos el resto del día hablando con nuestros amigos y familiares para contarles la noticia. Pero yo seguía echando de menos a una persona.

Era viernes, comenzaban las fiestas del Orgullo Gay, y Carla y yo nos quedamos todo el fin de semana en Madrid para celebrarlo. Era irónico, una futura oficial de la Armada celebrando su puesto de piloto militar rodeada de miles de homosexuales. Pero ¿no somos todos iguales sin importar lo que a uno le guste? La inteligencia, la personalidad, el tesón, la fortaleza y todos los valores que nos forman no cambian cuando uno es homosexual. Pasé todas las pruebas siendo homosexual, pero ¿habría superado las pruebas de la Armada si hubieran sabido que lo era? Lamentablemente, no lo creo, me habría quedado en el formulario de inscripción para la oposición.

Quedaban dos meses para entrar en la Escuela Naval Militar y una vez allí no podría salir hasta Navidad. Me había esforzado al máximo, había dedicado todas las horas que tenía y las que no tenía para pasar esta oposición y ahora que lo había conseguido quería disfrutar estos dos meses de los míos y, sobre todo, de Carla. Éramos felices, diferentes pero muy felices.

Por fin llegó el día de ingresar en la Escuela Naval. Estaba en la estación de tren con un montón de maletas que casi no me dejaban moverme, con mis amigos y mi madre que vinieron a despedirme. Fue muy emotivo, era la primera vez que me separaría de ellos durante tanto tiempo y, a pesar de que casi se me saltaban las lágrimas y de que Tesa lloraba a moco tendido, pude contenerme. Me pasé la noche viajando, de tren en tren, y con el miedo constante de llegar tarde. Estaba preocupada porque me habían dicho que si no eres puntual pueden castigarte.

Alrededor de las ocho en punto de la mañana y después de muchos kilómetros recorridos, el grupo de estudiantes universitarios que habíamos aprobado la oposición nos encontramos ante la imponente puerta de la Escuela Naval Militar de Tevedra, fundada en 1920. Había abogados, ingenieros, pedagogos, contables y yo, la única piloto. Todos queríamos formar parte de esta institución, pero no todo el mundo encajaba allí.

Compartía mi camareta con otras tres chicas, una de Madrid, otra de Cádiz y la otra de Málaga. Nuestros días siempre tenían la misma rutina: nos levantábamos a las seis, desayunábamos a las seis y media y teníamos que estar formados a las siete. Pasábamos los días corriendo, aprendiendo a desfilar y, de vez en cuando, nos enseñaban a usar armas. Siempre que nos castigaban, nos decían que así era la disciplina militar. Para mí no era muy diferente de lo que había vivido en mi casa cuando era una niña.

Alguna tarde, cogíamos un bote de nueve metros y remábamos hasta la isla de Pambo, frente a la Escuela Naval. A veces toda esta preparación era dolorosa, había lesiones de todo tipo: esguinces, tirones, rodillas hinchadas, miles de ampollas... Unos diez de nosotros decidieron no continuar cuando llegamos a la segunda semana de preparación. Los que habíamos pasado la oposición pero no éramos militares de carrera teníamos que hacer esta formación básica, de septiembre a diciembre, para aprender a desfilar.

Nuestros instructores eran mucho más jóvenes que algunos de mis compañeros. Había muchas diferencias entre nosotros, unos veníamos de la universidad y teníamos entre veinticinco y treinta y cuatro años, mientras que los otros llevaban allí desde los dieciocho, después de acabar el instituto. Al principio era todo sorprendente, no acababas de entender cómo actuaban y pensaban, parecía que habíamos retrocedido muchos años porque todo eran gritos y castigos. Estoy convencida de que las personas podemos obedecer sin que se nos grite o se nos amenace con un castigo, pero al final entendimos que esa era la única forma de enseñar que conocían en el Ejército. Es lo que la Escuela Naval había transmitido generación tras generación, desde su creación en 1710. Y en cualquier caso, teníamos bastante asumido que todo aquello era temporal, algo por lo que debíamos pasar para lograr nuestro objetivo.

Para mí, más que mis propias lesiones físicas, lo que me resultaba más doloroso era ver la angustia de los aspirantes de primero, con quienes compartíamos actividades. Llegaban con diecisiete o dieciocho años, con toda la ilusión del mundo y se tomaban los gritos y las amenazas como algo personal. Veías estrés, ansiedad y tristeza en sus caras, cada día había alguno que acababa llorando. Todo esto formaba parte de la disciplina militar, por supuesto, no era considerado *bullying*.

Me entraban unas ganas enormes de decirles: «No sufráis más, la vida es para ser felices. Id a la universidad, aprended, conoced diferentes puntos de vista de la vida y de la sociedad y, cuando terminéis, tendréis una mayor capacidad de elección, sabréis lo que realmente queréis hacer y vuestra personalidad será menos manipulable. Si después de eso decidís entrar en la Escuela Naval será una decisión pensada y más madura; además, estaréis más formados y podréis servir mejor a la Armada».

Ingresar en la Escuela Naval es una elección libre. Estábamos allí porque queríamos. ¿Quiénes éramos nosotros para juzgar su sistema pedagógico? ¿Cómo se iba a cambiar algo que se llevaba haciendo de la misma manera durante siglos? Ese pensamiento crítico que te enseñan en la facultad no tenía cabida allí. Una de mis compañeras de camareta, Regina, era pedagoga, y siempre me decía que allí se hacía todo lo contrario a lo que le habían enseñado en la universidad; «pedagogía cero»; aseguraba que debían modernizarse.

Mis tres compañeras y yo congeniábamos bastante bien. Desde el primer día pude ver en una de ellas algo especial que me recordaba a mí misma, algo que sabes enseguida: se cruzan las miradas, hay una pausa de microsegundos y tú sabes que no es casual sino una mirada cómplice. La suya atravesaba la mía buscando otra igual, tenía la sensación de que había encontrado a alguien como yo. Muchas veces no se necesitan palabras para saber algo.

Había estudiado Derecho, le encantaba hacer deporte y era una persona excepcional, más que muchos de nosotros. Algunos alumnos de la Escuela Naval empezaron a cuchichear sobre ella y su relación con otra chica de allí. No valoraron que podrían ser unas muy buenas profesionales para la Armada en un futuro o que eran solo buenas compañeras o simplemente que se querían: tuvieron que decir que eran unas lesbianas de mierda sin ninguna disciplina militar. Porque en estos casos parece ser que lo más importante es saber con quién se acuestan tus compañeros y no lo que pueden aportar a la Armada.

Ella estuvo casi un año en la escuela pero, cuando ya acabábamos y después de todo el esfuerzo, decidió abandonar una semana antes de jurar bandera. Su excusa fue que no le gustaban los barcos y tampoco navegar, pero ella ya sabía que si opositaba a la Armada estaría entre barcos. Creo que se dio cuenta de que si seguía en el Ejército tendría muchos problemas, por ser lesbiana y tener a su pareja también dentro de la Armada.

Los compañeros ya llevaban tiempo rumoreando sobre ella y hacían bromas desagradables. Yo decidí callarme, podría haberles explicado que dos mujeres pueden ser amigas, que no tienen por qué ser lesbianas y que si lo fueran tampoco pasaría nada, porque los homosexuales también son seres humanos con sentimientos y derechos. Pero decidí no abrir la boca.

—Lo dejo —me soltó.

—¿Por qué? —le pregunté—. ¡Tú eres una de las mejores!

—No me gusta navegar, me mareo, es mejor así —me dijo sin levantar la vista del suelo.

—¿Sabes? No te creo. Tú eres una luchadora, tú no lo dejas por eso, sabías que en la Armada hay barcos y hay que navegar. Lo dejas porque eres lesbiana y sabes que va a ser complicado tener una relación con otra mujer dentro de la Armada.

Me miró y en su rostro pude ver una expresión que nunca se me olvidará, una tristeza profunda que no podía gritar.

Creo que en ese momento callé por miedo o por inmadurez. Pensé que si la defendía abiertamente, creerían que yo también era homosexual y me harían la vida imposible como a ella. Ahora me avergüenzo de no haber sido valiente entonces y de no haberme presentado como una mujer homosexual más, me avergüenzo de haber permitido esa injusticia, pero ¿quién lo hubiera hecho? Yo solo quería empezar a volar. La crueldad humana y la falta de madurez es una combinación muy dañina. Ir contracorriente me hubiera colocado en una situación de rechazo o incluso podría haber perdido mi plaza de piloto. Opté por quedarme callada y que todo siguiera igual, de lo cual me arrepentiré toda mi vida. No actuar ante esa injusticia fue un acto de cobardía y así me sentí yo. Para mí la injusticia que se le hace a una persona es una amenaza contra toda la sociedad y yo, al permitirla, abrí el camino a todas las que seguirían. Cada vez que pienso en ello, mantengo vivo el dolor quizá con el deseo inconsciente de que cambie la situación, pero no cambia.

El día de la graduación fue especial para mí, vinieron mi familia, mis amigos, Carla y su madre. Después de tanto tiempo sin verlos, fue toda una alegría compartir con ellos ese momento, les echaba de menos a todos, pero especialmente a Carla. ¿Era eso amor? ¿Mi corazón me había vuelto a engañar? Pensaba que la quería pero podía ser otro espejismo. Así acabé la fase de instrucción militar. Tenía por delante la formación para ser piloto. ¡Por fin! Qué ganas tenía de subirme a un helicóptero.

En la Escuela de Helicópteros era la única mujer, estaba rodeada de hombres. Ya estaba acostumbrada desde pequeña a ser la única chica que jugaba al fútbol, que se peleaba con otros niños o que tocaba la trompeta en lugar de la flauta. Estar sola con ellos no me molestaba, hasta el punto de que incluso los mismos chistes machistas que repetían una y otra vez habían dejado de molestarme. Es muy curioso que hombres de diferentes realidades sociales y de diferentes edades bromeen con los mismos chistes machistas. Mi cerebro los había oído tantas veces que ya no me llamaban la atención, me había creado una especie de barrera mental para que no me afectaran. Por desgracia, me había acostumbrado.

De todas maneras, puede llegar a ser mentalmente agotador estar todos los días con esta clase de hombres y aguantar sus comentarios. Muchas veces incluso me daba cuenta de que me comportaba como ellos esperaban que se comportase una mujer y no como realmente yo era. Creo que en esa época desarrollé un acusado instinto de supervivencia.

La Escuela de Helicópteros estaba en un pueblo cerca de Cranada, en una base del Ejército del Aire porque la Armada no tiene escuela de pilotos, de modo que te envían allí para que te formen. En esos pocos meses no salí tanto como me hubiera gustado porque debíamos volar casi todos los días, sin embargo tuve suficiente con una sola vez para catar las mieles que ofrecía la ciudad. Fue cuando organizamos una cena entre todos los pilotos, el ambiente estaba lleno de testosterona y yo ya sabía qué clase de noche me esperaba. Conocía bastante bien sus gustos e intereses: fútbol y mujeres. Después de todo, no eran tan diferentes a los míos.

Al acabar de cenar y después de que hubieran bebido miles de litros de vino y cerveza, nos fuimos a una discoteca. Sabía cómo se comportaban cuando bebían aunque, honestamente, me daba más miedo mi comportamiento cuando había bebido. Por supuesto, todos estaban más que predispuestos a intentar ligar independientemente de su estado civil.

Los hombres salen para beber e intentar ligar, ligar y ligar. Las mujeres salen para pasarlo bien. A veces, también pueden ligar pero sobre todo salen para bailar y pasarlo bien con sus amigos. Yo, como lesbiana, estoy dentro del grupo de las mujeres, pero al pasar tanto tiempo con hombres creo que me han contagiado algo, aunque solo sea un poco. Así pues, ahí estaba yo, en medio de la jungla rodeada de depredadores ávidos de carne. Intenté hablar con mis compañeros, establecer cierta conversación ligera pero era muy duro para mí tener que hacer el papel de colega, no poder ser yo misma y hacer ver que me hacían gracia sus chistes o que me interesaba, aunque fuera un poco, su conversación.

Los hombres piensan que pueden interpretar la mente de las mujeres solo viendo la ropa que llevamos o por cómo bailamos o hablamos. Así de simple. El problema es que siempre malinterpretan el mensaje, una mujer con una falda muy corta no significa que esté predispuesta a practicar sexo, ni mucho menos; otra a la que le gusta bailar de una forma sexy no tiene por qué ser una depredadora sexual; o una mujer que te sonríe no te está diciendo, «eh, vamos a la cama». Porque al final todo se reduce a eso, al sexo.

En la discoteca, un chico empezó a hablar conmigo pero mis compañeros intentaron apartarle. Era injusto, ellos llevaban toda la noche animándose unos a otros para hablar con chicas y ahora que yo charlaba con alguien que no era uno de ellos, ya no estaba bien. Me dio la sensación de que creían que les pertenecía. Y, francamente, me molestó que el resto de chicas de la discoteca tuviera que aguantar la indeseada atención de mis compañeros. Estaba cansada de este comportamiento, de que para impresionar a los compañeros y fardar y ser el macho alfa de la manada tuvieran que coger del brazo a una chica.

Mi nuevo «amigo» era agradable, atractivo y educado. Ahora, después de algunos años, sé qué quería: interpretaba un papel para gustarme y conseguir su objetivo, como todos. En el momento más interesante, uno de mis compañeros se acercó a mí.

—Vámonos —me ordenó.

—¿Adónde? —contesté.

—A la escuela.

—¿Tan pronto? Yo me quedo —le aseguré.

—Pensaba que tenías novio —me dijo juzgándome.

Ellos, que se habían pasado toda la noche intentando ligar con cada una de las mujeres de la discoteca, ¡me juzgaban a mí! Está claro que los hombres tienen el derecho por naturaleza de hacer lo que quieran, se llama «cosas de hombres». Eso sí, cuando una mujer se comporta como ellos, la llaman de otra forma.

Decidí seguir porque me encanta salir y pasarlo bien. No sé si me quedé con él para seguir la fiesta o porque sabía lo que iba a ocurrir. Habíamos bebido bastante y toda la situación, junto con mi gen de la infidelidad, nos llevó al baño. Pensar en eso ahora me pone enferma. Empezamos a intimar, sentí sus labios húmedos sobre los míos, estábamos de pie pero nos movíamos sincronizando nuestros cuerpos, nuestras lenguas se acariciaban, me excité, mi corazón comenzó a palpitar más rápido y cada vez nos abrazábamos con más fuerza. Ya no había música en la discoteca, estaban cerrando. Cuando salimos del baño amanecía. Le pedí que me llevara a la escuela y aunque él intentó convencerme de ir a su casa, yo ya tenía lo que quería y le dije que no.

En la escuela de helicópteros estuvimos de enero a marzo, por la mañana nos daban clases de mecánica del helicóptero, técnicas de vuelo y clases prácticas. La tarde la teníamos libre y yo aproveché para estudiar inglés en una academia de Cranada, que estaba a pocos quilómetros de la base. Teníamos un régimen más flexible que en la Escuela Naval Militar y podíamos ir a casa los fines de semana, de modo que a pesar de la distancia visitaba a Carla cada vez que podía. Ese fin de semana, durante el viaje a casa, le di vueltas a todo, como siempre. No me sentía bien conmigo misma, tenía sentimientos encontrados: culpa, decepción... había algo que no encajaba, no lograba enamorarme, aunque a veces pensaba que sí lo estaba.

Me dije que lo que había sucedido en la discoteca no era nada, que no tenía ninguna importancia. No valía la pena herir a alguien que quería para sentirme mejor conmigo misma. Era egoísta. No quería estropear una muy buena relación por un ataque de sinceridad. «Lo que tengo que hacer es mantener la mente ocupada, mostrarme con naturalidad y todo saldrá bien», pensaba.

Por supuesto, me faltó tiempo para llamar a Tesa y a Nico para soltarles toda la historia, me importaba mucho su opinión. Nico estaba emocionado con la noticia pero Tesa se quedó preocupada por lo que yo pudiera hacer.

—¿Vas a contárselo? Ella te quiere, ten cuidado. Yo quiero que estés bien, que tengas una pareja estable... ¿Cómo te sientes tú? —Si necesitaba más sentimiento de culpabilidad, Tesa me dio una porción grande.

El fin de semana acabó con total naturalidad. Intenté olvidarme del asunto y volver a mi día a día con mis vuelos, los helicópteros y mis compañeros de la escuela. Seguía sin sentirme cómoda con ellos, no me sentía valorada como la profesional que era. Pienso que no me consideraban una compañera más, me veían como una mujer a la que tienen la obligación de aguantar porque así lo dicen las reglas. Al final ves normales situaciones o conversaciones que no lo son en absoluto y tienes dos opciones: enfrentarte cada día a todos ellos o intentar no hacer caso a sus comentarios para tener un ambiente de trabajo más agradable. Y en este caso, supongo que el instinto de supervivencia fue superior a la ética.

A pesar de eso, pilotar helicópteros fue una experiencia única. Las vistas de Cranada eran espectaculares. Quedaba una semana para terminar el curso y después de los exámenes teóricos, teníamos que realizar la prueba en vuelo. El comandante de mi escuadrón era mi examinador, rondaba los cincuenta años, era delgado y tenía un aspecto como si la vida le hubiese pasado factura por daños colaterales indeseados. Se le veía orgulloso de sí mismo pero supongo que en ese momento también estaba un poco nervioso por el hecho de estar en el mismo helicóptero con una mujer tan solo separados por unos cuantos centímetros; de lo contrario, no puedo entender su comportamiento.

Una vez dentro del helicóptero y realizando la puesta en marcha comenzó su repertorio de frases memorables:

—Vamos, quiero ver como vuelan las mujeres, ¡jajaja!

Yo pensé: «Otra vez las mismas tonterías».

—No te pongas nerviosa, tienes que relajarte. Como cuando yo era un chaval y me fui de putas, me estaba follando a la puta y ella, mientras, comía pipas como si no pasara nada. Pues tú lo mismo, relájate y disfruta.

Y esto, por supuesto, en España no se considera acoso sexual, se considera algo así como «nosotros somos hombres y los hombres hablamos así».

Fue irrespetuoso y desagradable. Yo no necesitaba conocer su precoz vida sexual para entender un concepto. Me podría haber dado otro tipo de ejemplo más didáctico, o quizás era un nuevo enfoque de la enseñanza militar. Durante todo el examen estuve pensando en este hombre y en su bolsa de pipas. Por si no fuera suficiente, y haciendo uso de una gran gama de recursos didácticos añadió:

—Por cierto, si te toco la pierna no te asustes, es que yo estoy acostumbrado a volar con hombres y a veces les doy en la pierna.

Era totalmente un abuso de los límites estableci-
dos para el trato de las personas. También me mostró su repertorio de recursos psicológicos. Él sabía
que tenía una responsabilidad directa en el desen-
lace de la situación; quizá quiso darle al examen un
aire más informal y así quitarme presión, pero consiguió todo lo contrario cuando se empeñó en llamarme Paca.

—Venga, Paca, dale, Paca. No te importa que te
llame Paca ¿verdad?

No pensaba que mi nombre fuese tan difícil de
pronunciar. ¿Qué quería demostrar con eso? ¿Hubiese dicho lo mismo si yo hubiera sido un hombre?
No entendía que, por el hecho de ser mujer, tuviera
que someterme a toda clase de bromas inapropiadas.
Esa forma de controlar la situación a mi costa con-
firmaba que el comandante intentaba compensar
sus propias carencias a través de una presunta supe-
rioridad. Era sencillo, tan solo se trataba de respeto,
ese respeto que comienza en uno mismo.

Los hombres y el poder. Ellos piensan que pueden decir lo que quieran y nadie va a pararles. Es
más, sus compañeros van a reír sus chistes machistas. Yo estaba sola allí. No fui lo suficientemente valiente para detener esos comentarios. ¿Quién iba a
prestar atención a mis «tonterías»? ¿Otro hombre
como él? No lo creo, y más siendo una mujer que, a
su juicio, no merecía estar allí. Incluso me podrían
despedir de mi trabajo por causarles incomodidades.

Hasta el momento del examen, el comandante
tenía todo mi respeto. Yo asumí que era un profesional, con muchísimas horas de vuelo y con más
graduación que yo. Yo era solo un alférez que quería aprender a volar. Solamente eso.

103

Al terminar el curso de helicóptero, me destinaron a la base de Brota, donde están todas las aeronaves. Es una base enorme, compartida con estadounidenses, como una pequeña ciudad: los americanos tienen supermercados, iglesias, campos de baseball, casas... incluso un equipo de fútbol femenino al que tuve la oportunidad de unirme. Es como una pequeña porción de Estados Unidos trasladada al sur de España, donde viven temporalmente alrededor de 3.000 estadounidenses. Era un lugar agradable y, durante la mayor parte del año, el tiempo era muy bueno, excepto cuando soplaba el viento con tal fuerza que complicaba los aterrizajes.

A la espera de la jura de bandera en julio, en Brota hicimos prácticas con un simulador de vuelo y dimos clases de aeronáutica. Un tiempo después, nos dijeron que necesitaban pilotos de avión y yo me presenté voluntaria, por lo que de enero a marzo me trasladé a Lamanca para realizar un nuevo curso. Allí practicábamos con un avión muy tosco de hélices que no tenía nada que ver con un reactor, que es el aparato que tendríamos que pilotar. Al acabar, regresé a Brota hasta que, en julio, ya me colocaron en una escuadrilla y pude volar con un reactor y acompañada de un piloto con más horas de vuelo.

Tuve la suerte de conocer a personas entrañables que luego serían mis amigos. Y conocí a uno de los hombres más maravillosos que han pasado por mi vida. El comandante J.P. era un magnífico piloto de helicóptero, con casi 10.000 horas de vuelo. Para tener tantas horas, tienes que ser bueno o tener mucha suerte. Además, era una persona excepcional. Fue el primero que conocí en la Armada y siempre le he considerado como un padre, me enseñó cómo era la vida militar, cómo eran los militares y con qué tenía que tener cuidado. Sus consejos fueron valiosísimos y no sé qué hubiera sido de mí si no le hubiese tenido a mi lado durante todo ese tiempo. Cuando me dieron las Alas de vuelo, una insignia que indica que eres piloto de la Armada, lo hice mi padrino militar porque gracias a él mi vida allí fue un poquito mejor.

Por aquel entonces, yo llevaba el pelo corto porque era lo más cómodo para usar el gorro militar, pero descubrí que los otros pilotos que había en la base me llamaban la Terrorista. Es curioso que siendo militares bromearan con eso. Entiendo que era muy diferente de las mujeres que ellos conocían y el simple hecho de ser la única mujer piloto ya lo decía todo. Además, no estaba casada, no tenía hijos, jugaba al fútbol... ¡Y eso que aún no sabían que era lesbiana! Eran demasiadas cosas diferentes. Yo sé que a las personas nos da miedo lo diferente pero ¿hasta el punto de llamarme terrorista? Debían de estar muy asustados.

Y así aparecí en mi nueva escuadrilla. Había bastantes pilotos. Yo sabía que no iba a ser bienvenida, no por lo que un comandante me diría más tarde durante mi carrera militar, «las mujeres en la Armada no son bienvenidas», sino porque un piloto más significaba que había que repartir las horas de vuelo con una persona más. Más pilotos, mismas horas de vuelo, menos horas para todos.

La mayoría de los pilotos militares tienen como objetivo dejar el ejército y volar en una compañía aérea civil, y para eso necesitan volar el máximo de horas posible. Volar en la aviación civil supone más dinero, más vuelos, mejores aviones y todas las ven-

105

tajas que rodean el hecho de ser «piloto» en una compañía aérea. Más adelante, yo tendría el mismo deseo pero por ahora quería disfrutar de haber alcanzado mi sueño.

Mi escuadrilla tenía un hangar con cuatro aviones en la parte de abajo y una gran oficina en la de arriba. Allí estaba yo, en la puerta del hangar de mi escuadrilla, mirando el horizonte como si estuviera viendo algo que no todos ven. Era un cielo inmenso y majestuoso, una sensación de libertad de color azul que no tenía límites.

Me sentía como si me hubiese quitado un gran peso de encima, una carga que me había perseguido durante un largo tiempo. Era muy afortunada por poder estar allí: después de mucha lucha y sacrificio, había conseguido algo que nadie había logrado hasta entonces. Aunque estoy segura de que cualquier mujer que se hubiera propuesto ser piloto militar, lo hubiese conseguido. Si hay mujeres que son capaces de trabajar, estudiar y ser madres, todo eso a la vez, es fácil imaginarse lo que podrían conseguir si solo estudiaran para ser piloto.

Mi escuadrilla me pareció el lugar más maravilloso del mundo, me transmitía las sensaciones que siempre había deseado, mi imaginación volaba y mis deseos de empezar a volar se apoderaban de mí, como si estuviera en ese momento en el mejor de los mundos. Era como un viaje en el tiempo, podía ver con mis propios ojos lo que siempre había soñado.

Estaba encantada de estar rodeada de aviones y pasar ocho horas al día delante de una pista de aterrizaje. Creía estar en el cielo… Hasta que mi vejiga le mandó una señal a mi cerebro y sentí el deseo de usar el baño.

—¿El baño, por favor? —pregunté.

—No hay baño de mujeres.

—¿Cómo? —insistí.

—No, no hay. Aquí cada escuadrilla tiene su baño, pero de hombres.

No había baño de mujeres. ¿En el año 2007? ¿Cómo es posible? Pues sí, es posible. No tenía lo más básico, un simple aseo. Tampoco tenía donde cambiarme: solo podía recurrir a la residencia de oficiales para todos estos menesteres. Debía ir en coche, como si fuera lo más normal del mundo coger un automóvil para ir al baño. El baño de hombres tenía urinarios y algunas cabinas, pero yo pasaba de entrar allí.

Eduardo, el jefe de mantenimiento de la escuadrilla, de inmediato se dio cuenta de que eso no estaba bien. Es una de las personas más inteligentes que he conocido en toda mi vida, puede hacerlo todo y hacerlo bien, desde arreglar un avión con un simple muelle, hasta escribir poesía. Al llegar allí, me ofrecí voluntaria para ayudarle en las funciones de mantenimiento de los aviones y eso nos unió todavía más; era como mi hermano mayor, tenía un corazón enorme, siempre estaba dispuesto a ayudar a quien lo necesitara. Aprendí muchísimo de él y eso me humanizó.

Recuerdo una vez que mi coche se llenó de agua. Fue durante unos meses muy lluviosos, estuvo cayendo agua desde diciembre hasta marzo del siguiente año. Yo venía de volar, había estado fuera unos cuantos días y mi coche había estado aparcado en el mismo sitio durante ese tiempo. Al llegar a la base, me subí y de repente noté un olor diferente, me di cuenta de que tenía los pies metidos en el agua hasta los tobillos y de que toda la tapicería estaba llena de manchitas verdes de moho. No sabía qué hacer y pensé en Eduardo, seguro que él tendría alguna idea. Se llevó esa especie de pecera gigante al garaje de su casa, lo desmontó por completo, pieza a pieza y lo secó con un secador de pelo. Cuando vi el coche totalmente desmontado, aluciné y pensé si se acordaría luego de dónde iba cada pieza; además, como si estuviera en un taller profesional, me dejó uno de sus coches durante el tiempo que el mío estuvo en su garaje. Al recogerlo al cabo de unos días, estaba totalmente seco y en mejor estado que antes de la inundación.

Cuando llevaba un tiempo en la escuadrilla, llegó una buena noticia o al menos eso pensaba: iban a reformar el baño de hombres. Quizás aprovechaban y hacían uno para chicas. Pues no. Por supuesto no iban a aprovechar esa inversión para construir un baño de mujeres, solo remodelarían el suyo, el de hombres. Eduardo intentó convencer al jefe de la escuadrilla de que hicieran también un baño de mujeres, hasta pude ver el plano de la obra y el diminuto aseo femenino no restaba mucho espacio al de los hombres. Pero la propuesta no les convenció.

Así que, inocentemente, fui a hablar con mi jefe. Usando la lógica, le pedí que ya que iban a cambiar el baño de caballeros, por favor reservaran un pequeño espacio para las mujeres. Él se rio y aún estoy esperando la respuesta. No entendía nada. Él tenía un baño privado en su despacho, la escuadrilla ya tenía un aseo para hombres, mientras las mujeres no teníamos nada, ¿en qué le podía molestar? ¿Qué problema había en reconvertir uno de los cuatro cuartos de baño de hombres en un baño de señoras?

Tampoco entendí por qué se reía. A lo mejor le parecía una grandísima tontería el hecho de que se me ocurriera pedir algo tan necesario como un baño.

Si a las mujeres se les había «permitido» entrar en las Fuerzas Armadas era con todas las consecuencias. Si somos uno más de ellos, tenemos que ser como ellos. Así como tenemos las mismas obligaciones, deberíamos tener los mismos derechos. Con la anécdota del baño, ya podría haberme dado cuenta de que no pertenecía a ese grupo, que no era valorada ni aceptada, pero entonces no me lo pareció. Tan solo era un pequeño anticipo de lo que estaba por llegar.

En ese momento, tenía la necesidad que tenemos todos de pertenecer a un grupo y de sentirme integrada, pero nunca lo conseguí. Nunca me identifiqué con ellos. No tener un simple baño lo decía todo. Por desgracia, la mujer ha sido excluida deliberadamente de muchos grupos sociales durante siglos, en este caso solo se trataba de un baño, una cosita más, ¿a quién le iba a importar?

A lo largo de mi tiempo allí, Eduardo siempre intentaba restarle importancia a asuntos que para mí, como mujer, tenían mucha relevancia. Él lo hacía por mi bien, para que no me enfrentara a un estamento viejo y obsoleto donde no se me iba a escuchar.

Otra de las cosas que atrajo mi atención en la base de Brota fue la diferencia de rangos. No los rangos militares, yo sabía dónde estaba y que existía esa jerarquía, era una clasificación basada en la antigüedad y yo lo respetaba y estaba de acuerdo con ello. Me refiero a los rangos sexuales.

Los hombres pueden ser más o menos profesionales y sus colegas no van a prestar atención a cómo realizan su trabajo. Pero si eres la única mujer eres diferente y estás en el punto de mira de todos. Ya lo sé, yo pensé lo mismo, ¿diferente por qué? Todos somos humanos, tenemos un cerebro para poder pensar, manos para volar… ¡Oh, ya veo, tengo tetas!, como un compañero me dijo una vez:

—¡Esto es más fácil para ti porque tienes tetas! —sugiriendo que yo usaba mi cuerpo para obtener beneficios, cuando es al revés, los hombres nos juzgan basándose en nuestro cuerpo.

Fue un comentario sexista que desmerecía los logros intelectuales de la mujer, como si yo hubiese utilizado mis pechos para aprobar los exámenes de la oposición. Eduardo solía decirme que me acostumbrara porque allí yo era la diferente, como si fuera de otra raza o de otro color. Todos prestarían atención a lo que hiciera. Efectivamente, estaba en el punto de mira.

Creo que la sociedad en general tiene una especial fijación con las mujeres pioneras y le satisface y se jacta de los errores que podamos cometer. Es injusto llevar el peso de nuestro sexo durante toda una carrera profesional, no deberíamos sentirnos en la obligación de proyectar una imagen perfecta de nosotras mismas porque nadie es perfecto, ni siquiera los hombres, aunque parezca difícil de creer.

Si eres un hombre, puedes permitirte cualquier comentario discriminatorio y tener conversaciones no aptas para mujeres o menores de trece años, porque vas a estar apoyado por otros como tú. «Aparentemente», la mayoría de los hombres se entienden entre ellos y se ríen de las mismas bromas, o eso parece. No creo que todos piensen igual, a lo mejor actúan de la forma que se espera de ellos como si estuvieran en un estado hipnótico; es más fácil y seguro seguir caminos convencionales y hacer lo mismo que la mayoría que alzar la voz ante la discriminación y la injusticia. Eso cuesta caro, nada más y nada menos que nuestra realización personal y nuestra felicidad.

En la base, nos reuníamos por las mañanas en la sala de operaciones de la escuadrilla y comentábamos el plan del día, se designaban los vuelos a cada piloto y otras misiones que debían realizarse. Una mañana, al entrar en la sala, no di crédito a lo que veía: detrás de la puerta habían colgado un póster gigante de una mujer con un mini biquini. ¡En la misma sala donde nos reuníamos para hablar sobre misiones reales y donde recibíamos las visitas! No era un comportamiento demasiado profesional y me daba vergüenza que nuestros propios familiares u otras visitas lo vieran. ¿Qué imagen estábamos dando? Pero supongo que como es cosa de hombres era algo normal y no pasaba nada. Lo peor es que tuve que escuchar una cantidad enorme de comentarios sobre la chica del póster.

—¿Esta es la nueva piloto de la escuadrilla? ¡Yo quiero ser su instructor, jajaja!

—Me gusta su uniforme. Patricia, ¿por qué no llevas uno de esos?

—¡Ahora sí que estoy motivado para volar!

Yo sé que los hombres se estimulan visualmente y también que tienen veinte veces más testosterona en su cuerpo que las mujeres, lo que les conduce a enfocarse en los aspectos físicos del sexo. Nosotras somos diferentes, pero eso no sirve como excusa para colgar ese póster en el lugar de trabajo y más si ese espacio lo compartes con otras personas.

Durante la semana solía comer con mi amigo JP en el comedor de oficiales. Las mesas eran para seis personas, así que los asientos restantes los ocupaban otros oficiales, que poco o nada tenían que ver con nuestros principios o nuestra forma de ver la vida, y lo que debía ser una agradable conversación entre dos amigos casi siempre se convertía en otra cosa. A pesar de los esfuerzos de JP por hacerme sentir lo más cómoda posible, nunca lo consiguió porque la conversación siempre transcurría por los mismos temas: mujeres y vida militar. Lo primero, para hacer chistes machistas o bromas de mal gusto; lo segundo, para criticar a algún compañero o alguna nueva ley.

Así que decidí, después de un tiempo, ir al comedor de marinería. Las mesas eran alargadas y, lo más importante, la gente estaba más relajada. Me sentía más cómoda y sabía que mi compañera de promoción, Susana, solía comer allí. Algunas veces JP venía conmigo y otras comía con mi amiga. Uno de esos días, Susana y yo tuvimos el placer de que un coronel nos amenizara la comida con su increíble conversación. Estábamos sentadas a una mesa cerca de la puerta y detrás de nosotras había un grupo de oficiales de alta graduación. Se me revuelve el estómago solo de pensarlo.

De repente oímos una carcajada inconfundible, sabíamos perfectamente quién era su dueño. Una risa densa, a medio camino entre lo detestable y lo indeseable. Una voz ronca, áspera, unas cuerdas vocales envejecidas quizá debido al abuso del tabaco y el alcohol.

—Me bajé la bragueta y le dije Mari C.: Ven aquí, ¡jajaja!

112

No dábamos crédito a lo que estábamos oyendo. ¡Qué desagradable! Para mí, lo peor era oír las risas que esta historia provocaba entre los otros oficiales, que encima lo arengaban. ¿Cómo podían consentir eso?

—Pues no me he *follao* yo a tías en la Escuela Naval —fanfarroneaba.

Y siguió y siguió con todo lujo de detalles. Era denigrante para nosotras escuchar todo lo que decía sobre las mujeres. Lo más fuerte y doloroso es que de entre todos los oficiales que estaban con él, nadie tuvo el valor de decirle que se callara. Esos caballeros que tienen mujeres e hijas, ¿cómo pueden tolerar que se hable así de un ser humano? Porque nosotras somos también personas, no objetos. Me estaba sintiendo mal conmigo misma. Ellos, con más rango que nosotras, no tuvieron agallas de pararlo. ¿Y nosotras? ¿Podíamos quedarnos allí calladas sin hacer nada?

Le dije a mi compañera que me daba rabia, que no teníamos ninguna necesidad de aguantar aquello y encima en un lugar público. Me respondió que no dijera nada, que nos meteríamos en un lío, y nos fuimos sin acabar de comer. No podía creer que en el año 2010 se pudiesen cometer este tipo de atrocidades. Todo un coronel, rodeado de otros coroneles y comandantes, menospreciando a las mujeres de esa manera sin que nadie hiciese nada para cortar de raíz esa conversación. Al contrario, le reían la gracia, como si la tuviera. Quiero pensar que querían ser aceptados por su superior y por eso se reían a carcajadas. Debía de ser como una respuesta de sumisión al dominio.

Estaba enfadada, disgustada, decepcionada conmigo misma por no haber hecho nada al respecto. Al escribirlo vuelvo a revivir los mismos sentimientos. Mi amiga y yo nos despedimos, pero mi cabeza no quería decir adiós a lo que había vivido. Fui a la biblioteca, no podía estudiar ni concentrarme, mi mente necesitaba silencio pero en mi cabeza resonaba aún esa risa tan peculiar. Estaba desperdiciando mi energía mental con ese tema y yo sabía por qué: me sentía mal, me sentía una cobarde por haber permanecido inmóvil ante ese coronel. El miedo y mis propias emociones me controlaron y me paralizaron. Él era mi superior, pero tan solo son inferiores los que se creen superiores.

Decidí ir a correr con mi balón. Cuando no tenía partido de fútbol, me gustaba coger la pelota y correr con ella, me divertía hacer ejercicios, imaginarme jugadas para un partido... Mi mente se distraía con ideas que iban y venían, pasaba del presente al pasado sin ser consciente de ese cambio. Venían a mí recuerdos de hace años que desaparecían y luego me encontraba reflexionando sobre el futuro. Era como las nubes en el cielo que vienen y van, un montón de cosas pasaban por mi mente, sin orden alguno. Ese día no. Mientras corría y corría alrededor del campo, esa risa, esa voz, interrumpían otra vez mi bienestar. Era como un pensamiento automático, irracional, que entraba y salía afectando mi estado de ánimo y mi rendimiento.

Al cabo de un rato, llegó un grupo de americanos al campo y me puse a jugar al fútbol con ellos. Su forma de jugar es muy diferente, son muy físicos. Lo de pasar la pelota a un compañero no lo tienen muy claro, ellos son más de pegar un pelotazo arriba y correr y correr... Al fin y al cabo es deporte, aunque veas pasar la pelota en todo momento por encima de ti. Eso sí, hay que tener mucho cuidado, no controlan su fuerza y piensan que están jugando al fútbol americano. El estado del terreno de juego y la poca preparación física tampoco nos ayudaba demasiado. Pero al menos mi mente dejó de oír esa risa ronca....

A la mañana siguiente, cuando desperté, mi cabeza volvió a conectar con el ayer. Ese ruido mental incesante me pedía que hiciese algo, que actuara. Era como si mi mente hubiese estado esperando a que despertara para utilizarme: era su esclava, estaba poseída y hasta que no hiciera lo que ella quería no se iba a dar por vencida. Ahora sí, creo que los pensamientos son la fuerza más poderosa que existe en la tierra.

Me levanté con un propósito claro: contar lo ocurrido para intentar que no volviera a pasar. ¡Qué ilusa! Si durante sesenta y pico años este coronel había hecho lo que le había dado la gana, ahora yo, una mujer, que prácticamente acababa de llegar a «su» Armada, ¿le iba a llamar la atención? Teniendo en cuenta el valor que las mujeres tenían para esos hombres, el resultado final no era muy difícil de adivinar: iba a perder por goleada, encima tarjeta roja y a la calle. Nada de un resultado ajustado y penalti en el último minuto. No. Y yo lo sabía, pero allí que fui.

Siguiendo el protocolo militar, le comuniqué a mi jefe lo ocurrido y que iba a hacérselo saber al jefe del órgano auxiliar de jefatura; todo un capitán de navío, para que os hagáis una idea, otro coronel.

—Mujer, tú haz lo que quieras, pero tampoco es

para tanto, en el fondo el tío tiene su gracia —me contestó.

—A mí no me parece gracioso —le dije.

¿Gracioso? Un ser humano que desprecia de tal forma a otro ser humano no es «gracioso». Gracioso es cuando mi sobrina me dice: «No te preocupes, tía, yo te buscaré un novio de mi escuela» y me arranca una sonrisa, o cuando mi amigo Nico me dice: «Atrás, no te imaginas a quién he visto...». No cuando todo un coronel de la Armada, en un recinto militar, explica detalladamente su vida sexual en la Escuela Naval de los años sesenta y setenta, ridiculizando hasta el extremo a la mujer. Reírse de algo gracioso humaniza, pero lo que hacía ese hombre era todo lo contrario, deshumanizar.

Llegué al despacho del capitán de navío y solo tuve la oportunidad de hablar durante veinte segundos.

—Patricia, no, no, no me cuentes más. Ya lo conocemos todos de muchos años, tuvo muchos problemas al comenzar su carrera militar, pero bueno, ha llegado hasta aquí. Hay que comprenderlo, es muy excéntrico —me interrumpió.

«¿Hay que comprenderlo?», me pregunté. ¿Lo que ha hecho, lo lleva haciendo toda su vida y una institución como la Armada lo que hace es comprenderlo? No entiendo nada. En otros países por menos te denuncian y te vas a la calle, pero aquí comprendemos a los machistas y a los acosadores sexuales. Nosotros, que nos creemos más avanzados que otras culturas, cometemos estos actos de misoginia.

Me sentí totalmente vulnerable y sola. ¿A quién iba a recurrir cuando tuviese otro problema? ¿A quien me dice que el tío tiene su gracia o al que piensa que hay que comprenderlo? Después de todo me di cuenta de que yo era la que pensaba diferente al resto. Todo el mundo arropaba al coronel. Él iba a seguir con esa actitud machista como lo había hecho a lo largo de su carrera, subestimando a las mujeres, con el fin de mantener un control jerárquico sobre ellas, y procurándose una corte de seguidores dispuestos a reírle las gracias. Al fin y al cabo, yo para ellos era una incomodidad, una niñata que no tenía ni puta idea de nada.

Regresé a mi escuadrilla decepcionada. Tarde o temprano, otra mujer volvería a sufrir una situación parecida. Le conté a Eduardo lo ocurrido.

—¿Qué esperabas? ¿Aún no sabes dónde estás? —me respondió.

Pasó la mañana y recibí una llamada. Era el coronel. Solo de oír su particular voz me entraron escalofríos.

—Patricia, soy el coronel.

—A sus órdenes, mi coronel, dígame. —Vaya con el anonimato, pensé.

—Oye, que tú no te has enterado de nada, cuando tú llegaste al comedor estábamos hablando de una película de Jack Nicholson —me dijo.

Inmediatamente pensé: «¿Una película de Jack Nicholson rodada en la Escuela Naval?».

—Pero, Patricia, sin rencores ¿eh? —añadió y colgó.

¿Sin rencores? ¿Qué quería decir eso? Me quedé con una sensación extraña. Para mí el rencor espera el mejor momento para recordarte que no olvida lo que le hiciste. Sabía que cuando el coronel me viera experimentaría sensaciones desagradables: ira, impotencia, frustración… y que intentaría librarse de esa basura tóxica a través de mí. No le culpaba por tener esos sentimientos, nunca le habían dicho hasta entonces que esa clase de comportamiento no era el correcto y no estaba preparado para afrontar las cosas de otra forma. Sé que me culpaba a mí por tener esos sentimientos negativos, pero así me cedía el poder de controlar sus emociones. Y más cuando nos veíamos todos, todos los días. Yo vivía en la residencia de oficiales y él pasaba muchas horas en la cafetería de la residencia. Desde mi habitación podía oír su risa y su voz, aunque, por suerte, no podía captar lo que decía. Una de esas tardes, salía de mi habitación para ir a jugar un partido y mientras dejaba mi llave en la recepción que está delante de la cafetería, oí lo que nunca hubiese querido escuchar:

118 —¡Las mujeres solo sirven para follar y para bailar, jajajaja! —exclamó.

No me lo podía creer: en la cafetería había mujeres, niños, militares, civiles… Y no tuvo ningún reparo en decir esa barbaridad. En esta ocasión, tampoco nadie le pidió que se controlara. Como tampoco nadie le pedía que dejara de fumar dentro de la cafetería, donde estaba prohibido. ¿Qué imagen estábamos dando a todas las personas que estaban allí? No entendía ese desprecio total hacia las mujeres. Esa aversión y humillación hacia nosotras. Ese machismo llevado al extremo. El coronel era un misógino y por lo tanto menospreciaba todo lo que tuviera un carácter femenino. Quizá, como decía Freud, así intentaba tapar o reprimir sus impulsos femeninos.

Cuando llegué al campo de fútbol, les conté a algunas de mis compañeras de equipo lo ocurrido. Todas ellas eran americanas, la única española era yo. Se quedaron estupefactas, no podían creérselo.

—¡Oh, dios mío! Esto nunca podría pasar en la US Navy, se considera acoso sexual y no se tolera.

Esta vez aprendí la lección, no sé si para bien o para mal. Me sentía igual de indignada, pero mi mente no le prestó más atención. Supongo que después de todo el «apoyo» recibido me vi sin fuerzas de hacer nada, y no me gustó, porque ese tipo de comportamiento, como dijeron mis compañeras, es intolerable. Si no hacíamos nada, seguiría pasando... Como así fue. Una mañana, me dirigía a esa misma cafetería a pedir un café con leche. Al llegar a la barra, observé en la camarera unos ojos rojos, cristalinos, que habían producido más lágrimas de las que podían drenar. Le pregunté:

—¿Qué te pasa? ¿Estás bien?

—¿Qué me va a pasar? —me contestó—, lo de siempre. —Y empezó a llorar.

Yo no sabía a qué se refería con «lo de siempre». Y le dije:

—Tranquila, todo tiene solución.

—Es que estamos hartas, este hombre es insoportable. Un día me dice que estoy muy gorda, otro día que me arregle más... yo ya no puedo más —me contestó entre sollozos.

—Pero ¿quién os dice eso? —le pregunté.

—Patricia, ¿quién va a ser? El coronel.

—¿Y qué vais a hacer?

—¡Nada, no podemos hacer nada, Patricia! Él está al cargo de la cafetería y como están las cosas, nos vamos a la calle.

No se atrevían a denunciar ese atentado contra la dignidad y los derechos de la mujer por miedo a perder su trabajo. Se sentían intimidadas y a la vez bloqueadas por miedo a las represalias. ¿Quién las iba a creer? Se exponían al ridículo, a la difamación. Tanto ellas como yo habíamos perdido la confianza en las personas e instituciones encargadas de apoyarnos, defendernos y tomar medidas punitivas. Otra vez, y hasta cuándo... El coronel actuaba con toda impunidad, sabiendo que sus actos no iban a tener ninguna consecuencia para él. Se creía superior en inteligencia y capacidad a la mujer.

Se aprovechaba de su posición y del poder que tenía dentro de la estructura orgánica para generar una conducta sexista y provocar un entorno degradante y ofensivo. Me causa tristeza pensar que a lo largo de su dilatada carrera, habrá terminado con la autoestima de muchas mujeres que han estado a su alrededor y habrán asimilado todos sus insultos como ciertos.

Menos mal que entre todos esos machos ibéricos estaba Eduardo. Él era diferente. Las mujeres para él eran otro ser humano, se merecían todo el respeto y consideración. Como él decía: «París, criais hijos y trabajáis, no sois el sexo débil». Con él podía ser yo misma, me sentía libre de hablar de cualquier cosa; de todo excepto de una cosa. Y me arrepiento de haberle mentido.

Eduardo siempre bromeaba conmigo respecto a si tenía novio, yo sonreía e intentaba esquivar la conversación. «Seguro que tienes algo por ahí, si no no me explico tanto viaje a Valencia», me decía. Después de muchas veces le dije que sí, que tenía novio y que se llamaba Carlos. Supongo que el instinto de protección fue más fuerte que la honestidad. No me gustó lo que hice, pero en ese ambiente tan antiguo y machista la verdad solo me podía generar problemas. Había oído todo lo que decían sobre un compañero gay de otra escuadrilla y fue muy frustrante para mí conocer hasta dónde puede llegar un ser humano. Su marido había sufrido un ataque al corazón y sus propios compañeros se reían diciendo que el ataque era debido a la fuerza con la que había sido penetrado.

Me sentía mejor al pensar que solo le había cambiado el nombre. Cuando hablaba de él era como si hablara de ella. Su misma personalidad, su mismo trabajo, nuestra vida en común. Así, todo estaba bien. Entonces, ¿cuál era el problema? Si la personalidad de Carlos, su trabajo y sus hobbies eran acordes con lo establecido por la sociedad, ¿cuál es el problema si en lugar de Carlos es Carla? Es la misma persona. Lo único que cambia es con quien hago el amor y eso es algo que solo nos incumbe a nosotras. Es triste tener la necesidad de mentir para que una parte de la sociedad te acepte y no te complique la vida.

Una mañana, cuando regresaba de un vuelo, Eduardo, muy serio, me dijo que quería hablar conmigo. Le habían dicho, había oído en el trabajo... que yo era lesbiana.

—Pues sí, lo soy —le contesté.

—Pero ¿por qué no me lo has contado antes?

—Eduardo, yo no voy contándole mi vida sexual a nadie y tampoco sabía cómo ibas a reaccionar.

—Yo no soy nadie, pensaba que era tu amigo. Pero ya veo que no. No confías en mí.

—Tú sabes cómo son aquí. Si se enteran, me van a complicar la vida más aún —le contesté.

—Le das más importancia de la que tiene, no

todo el mundo va a reaccionar mal —me aseguró.

—Mira, Eduardo, a ti no te pasa porque no eres como ellos y valoras a las personas por su forma de ser. Hay gente a quien le importa la vida sexual de los demás, por desgracia, no solo la hay sino que es mucha. Si, además, tu trabajo depende de esas personas, te puedes imaginar el resultado.

—No confiaste en mí y me has decepcionado —zanjó la conversación.

No era cuestión de confianza, sino de autoprotección. Quizás ahora haría las cosas de otra forma. Con el tiempo he aprendido a aceptarme como soy, a no tener la necesidad de agradar a todo el mundo y a no temer tanto las consecuencias. Aunque sé que, incluso ahora, no sería fácil estar ahí dentro y mostrarme tal como soy.

Por una parte entendía su malestar, por otra no consideraba que fuera tan importante que en lugar de salir con Carlos, saliese con Carla. Yo era la misma persona, no cambiaba nada en mí. Me entristeció que se enfadara conmigo. Él y JP eran mis únicos amigos en aquel lugar y les había cogido cariño. Durante unos días, Eduardo se mostró distante conmigo; después todo volvió a la normalidad e incluso nuestra relación mejoró, ahora sí que podía ser yo misma.

Cada dos o tres años, los militares estadounidenses cambian de destino, pueden volver a Estados Unidos o permanecer en otra base europea en Alemania o Italia. Era la época del relevo y una de esas tardes que yo corría con el balón en el campo de fútbol vi a otra chica que también practicaba. Me sorprendió porque con el tiempo que llevaba allí nunca había visto a nadie hacer lo mismo que yo.

No era española, su piel era una mezcla entre el color negro y el endrino. La observé y me gustó la forma como tocaba el balón, así que me acerqué a ella y le propuse que entrara en el equipo de fútbol de la base.

Mia era un poco más alta que yo, su cuerpo era atlético y se podía distinguir perfectamente el contorno de sus músculos. Tenía una belleza étnica que se mezclaba con unos exóticos rasgos faciales, su cabello era negro azabache y sus labios sensuales y carnosos. Era nueva en la base, acababa de llegar de Estados Unidos y pertenecía al cuerpo médico de la Marina estadounidense, en concreto era especialista en enfermedades venéreas.

Rápidamente se integró en el equipo, pues la mayoría de las jugadoras también pertenecían a la Navy, con lo que fue recibida con mucho entusiasmo; además sabía jugar al fútbol y muy bien. Era defensa y había sido un gran fichaje. Yo jugaba delante, por lo que sufría su marcaje constantemente en los entrenamientos, era contundente y honesta al mismo tiempo. Me era prácticamente imposible pasar sobre ese muro infranqueable, me frustraba, me daba rabia y acabábamos enfadadas la una con la otra, creo que éramos las dos demasiado competitivas. Yo utilizaba todas las artimañas posibles para intentar marcar pero siempre recibía una reprimenda de nuestro entrenador. En mi equipo, la deportividad primaba por encima de todo. En España hacemos lo posible por ganar sin importarnos cómo conseguimos la victoria, en cambio mis compañeras de equipo jamás simulaban una falta ni perdían tiempo y tampoco realizaban un saque de banda que no les correspondiera. Es más, cada vez que una jugadora se lesionaba en el campo, hincábamos la rodilla en el suelo hasta que se reincorporaba al juego. Es una forma de respeto hacia otro deportista.

Aun no entiendo cómo me eligieron capitana. No representaba para nada los valores americanos en el deporte. Aunque poco a poco, luchando contra mi propia naturaleza, los fui asimilando. Tengo que reconocer que usé el rango de capitana para intentar intimidar a Mia, me parecía divertido meterme con ella aunque, por supuesto, ella no se dejara amedrentar. Su personalidad luchadora y sus ganas de ganar en todo hacían casi imposible que mis palabras tuvieran algún efecto en su persona.

De inmediato, empezó a formar parte de mi grupo de amigas. Sara, mi primera amiga en la base, la invitaba siempre que salíamos y al final se convirtió en una más. Mia era extrovertida y divertida con todos, pero conmigo mantenía siempre las distancias. Teníamos una relación diferente a la que se tiene con una compañera de equipo, en ese momento no entendía por qué, pero más adelante empecé a comprenderlo todo.

Era realmente feliz, me encantaba mi trabajo y me sentía súper afortunada de vivir prácticamente en el cielo. Podía visitar a Carla todos los fines de semana y volvía a jugar al fútbol que tanto había echado de menos. Tenía nuevas amigas... Pero nada es perfecto. Seguía preguntándome por qué una institución tan importante como la Armada, que había «permitido» la incorporación de las mujeres, no hacía nada para prohibir y corregir comportamientos sexistas y discriminatorios. La respuesta estaba clara: estaban cumpliendo órdenes que habían recibido desde otro estamento. Habían sido forzados a incorporar a las mujeres a la Armada. Nos tenían que aguantar allí, con todas las molestias que eso acarreaba. Problemas que, antes, la Armada no tenía y ahora «gracias» a nosotras, estaba sufriendo: embarazos, permisos de maternidad, madres solteras, denuncias de acoso, infidelidades matrimoniales, peticiones de igualdad, los sueldos. Y digo los sueldos porque un día, estando de guardia, me ocurrió algo tan raro que creí que me estaban grabando con una cámara oculta. Después de comer, estaba en mi oficina cuando uno de los jefes tenía ganas de charla y me vino a saludar:

—¿Qué tal todo, Patricia? —me dijo sonriente.

—Muy bien, mi comandante.

—Oye, quiero saber una cosa: ¿tú tienes novio, verdad? ¿No serás de esas que después de todos los cursos que te estamos pagando para poder volar te quedas embarazada?

Yo me quedé mirándolo, sin dar crédito a lo que estaba oyendo. Supongo que mi rostro reflejaba lo que estaba pensando y de inmediato dijo:

—Olvídalo… yo tengo hijos y las mujeres tienen que tener hijos.

Parece que encima que me hacían el favor de tenerme allí como piloto, no me podía quedar embarazada. ¿O sí? Ya que «las mujeres tienen que tener hijos».

Fue embarazoso, no podía creer lo que acababa de oír. Me di cuenta del «esfuerzo» que hacían por tener a una mujer piloto. Normalmente, la mayoría de las mujeres en las Fuerzas Armadas son enfermeras, psicólogas… pero no pilotos. El problema es que yo me presenté a una oposición y la aprobé. Es el mismo procedimiento que utilizan ellos, pero yo me sentía culpable, como si le hubiese robado la plaza a un hombre que se merecía estar allí más que yo. Era triste haber logrado cumplir un sueño que había tenido desde pequeña y no poder saborearlo. No me sentía valorada, no encajaba en ese grupo. Y todo por ser mujer.

Parecía que antes de llegar a la Armada había estado viviendo en una burbuja de felicidad y ahora me enfrentaba al mundo real. Un mundo clasista, machista y lleno de prejuicios. Y encima estaba sola. Quizá tenían razón y por eso no había más mujeres piloto: la Armada no era lugar para mujeres diferentes. Ellos podían casi aceptar a una mujer que cumpliera con los estereotipos femeninos, pero no a una que hacía cosas de hombres. Quizás era culpa mía.

El sentimiento de culpa no es un sentimiento «natural». Históricamente, hemos sido educadas entre sentimientos de culpa y autocompasión. Es un instrumento cultural, grabado en nuestro subconsciente, muy efectivo para dominarnos y controlarnos. Por eso, a las mujeres se nos concede un margen menor de error en relación a nuestros roles tradicionales. Cuanto menor es nuestro espacio, más graves se consideran nuestros errores. La culpa, además, neutraliza el cambio, nos impide desligarnos de los roles que nos han asignado. Yo me sentía culpable, sentía ser mujer. Ahora entiendo por qué. Esa culpa mutilaba día a día mis ganas de luchar por todas y cada una de nosotras. No me permitía creer en mí misma.

Por desgracia, también aprendí que la discriminación y el machismo eran hechos globales. En uno de mis vuelos, nuestra misión fue llevar a una delegación de la India por diferentes partes de España. Yo estaba esperando dentro del avión a que llegaran los pasajeros, un grupo formado por hombres y mujeres. Cuando subieron al avión, oí una voz en inglés que se extrañaba de que el otro piloto fuera una mujer. Cuando quise saludarle, apartó la mirada y siguió hacia su asiento. No logro entender ese tipo de situaciones. Bueno, al menos no se bajó del avión.

¿Qué quería demostrar al apartar su mirada de la mía? ¿Odio al ver una mujer realizando un trabajo de «hombres»? ¿Vergüenza de que en España se permita a una mujer ser piloto militar? ¿O simplemente era miedo de mirar a una mujer a los ojos? Cualquiera que fuera la razón, causó en mí un sentimiento de preocupación y decepción. ¿En qué mundo vivimos? En uno en el que los hombres nos retiran la mirada negándonos el reconocimiento de igualdad o en uno en que los mismos hombres miran nuestro cuerpo lascivamente traspasando nuestra privacidad. Al menos, los pasajeros mexicanos que también tuve que trasladar, a pesar de tener un propósito en mente, y solo uno, resultaron más agradables.

No podía ir todos los fines de semana a Valencia. Ya no veía a Carla tanto como antes, mi equipo se estaba preparando para un torneo de fútbol y también entrenábamos sábados y domingos. Durante los entrenamientos, mis piques con Mia habían ido escalando en intensidad, pasando de discutir por una jugada a hacernos faltas a propósito. Para el resto de las compañeras era tan obvio que algo pasaba entre nosotras que una de ellas nos llegó a preguntar si estábamos juntas.

No entendía la situación, no me explicaba cómo habíamos llegado hasta ahí. La conocí, la invité al equipo, se integró perfectamente... pero no me di cuenta de cuándo empezamos a luchar por cada pelota como si fuera un Madrid-Barça en la final de la Champions. ¿En qué momento comenzamos a discutir y a cogernos de la camiseta? Yo sabía que eso no estaba bien, pero nosotras no éramos capaces de tener una relación como la que se tiene con una simple compañera de equipo. Y, sin embargo, a pesar de todos nuestros enfados y confrontaciones, había algo en ella que me impedía odiarla.

Mi entrenador organizó una cena de equipo. Nos la habíamos ganado después de unos duros entrenamientos. Yo sabía lo que eso significaba: salir de fiesta y desmadre. Así fue, pero esta vez crucé una raya que no debería haber sobrepasado. Después de cenar, nos esperaba el encanto de la noche sureña. Durante el verano, Brota se llenaba de turistas de todas partes de España que, junto con los americanos de la base, le daban un encanto especial a esa pequeña población. Los pubs y los chiringuitos de verano rodeaban la playa y animaban las calurosas noches del sur.

Esa noche, éramos un grupo de más de veinte chicas con ganas de disfrutar al máximo. Después de la cena fuimos a una coctelería a tomar unos mojitos, era aún muy pronto porque habíamos cenado a las seis y éramos las únicas en el local. El entrenador estaba sentado entre Mia y yo y en un momento en el que mis compañeras empezaron a cantar, nos dijo que lo acompañásemos a la barra. Una vez allí, apartados del resto del equipo, nos preguntó qué estaba pasando entre nosotras y nos recriminó nuestro comportamiento dentro del equipo. Regresé a la mesa y ellos se quedaron hablando. No sé qué nos estaba pasando, era todo muy raro. Incluso a pesar de lo que podía parecer por nuestras discusiones, Mia me caía muy bien. Creo que no sabía cómo comportarme con ella. Lo cierto es que algo estaba ocurriendo.

Después de dos o tres rondas de mojitos, nos fuimos a un chiringuito cerca de la playa. Ahora sí se notaba que era verano y estábamos en la costa, había gente de todas partes de Europa. Nosotras bailamos, bailamos y volvimos a bailar... Éramos el centro de atención. O mejor dicho, eran. Mis compañeras de equipo eran un grupo de mujeres de todas las razas, culturas y sobre todo estilos de baile. Esa noche entendí el significado de la palabra *twerking*.

Mis compañeras intentaban bailar conmigo pero me daba vergüenza, no me sentía cómoda. Yo no estaba acostumbrada a moverme de esa manera. O mejor dicho, de ninguna, no soy muy aficionada al baile. Mia en cambio bailaba y bailaba como si el mundo se fuera a terminar esa misma noche. Bailar para ella era una forma de expresarse, de comunicar sus sentimientos y emociones. ¡Y vaya cómo los transmitía! Cerraba los ojos, se contoneaba seductoramente y movía los labios despacio. Libre, sentía la música en su interior y la exteriorizaba... Poco a poco se iba acercando a mí. Si pensaba que me iba a intimidar con sus movimientos sexis estaba equivocada. Esta vez, sí iba a bailar. Se acercó a mí, me miró y yo me preparé mentalmente para intentar recordar todo el repertorio de movimientos que había aprendido esa noche. Cuando ya me iba a lanzar al *twerking*, ella pasó enfrente de mí y empezó a bailar con Sara. ¡Joder, si ya estaba lista para bailar! Intenté que no se notara que me había sorprendido. Incluso creo que me molestó un poco. Sara me llevó a la barra y me invitó a un cóctel americano, Red Beer, de color rojo como el tomate. Con algunas dudas lo probé, no estaba mal, me gustó más su sabor que su aspecto. Le pregunté qué era y me dijo que era zumo de tomate con cerveza, una combinación un tanto extraña. Cuando regresamos a la pista, de repente Mia me cogió de la mano y se dirigió hacia el baño.

—¿Qué haces, estás bien? —le pregunté.

No me contestó. En el baño, cerró la puerta y me empujó hacia ella…

No me lo podía creer, me sentía fatal, no solo por el alcohol, sino por todo lo demás. Solo fue un beso, afortunadamente interrumpido por alguien que llamó en ese momento. Me sentía utilizada, confusa, culpable… Aunque debo reconocer que sus labios carnosos fueron todo un descubrimiento para mí.

¿Qué estaba haciendo? Tenía una relación estable con Carla. Era cierto que llevaba alrededor de cinco años viajando dos mil kilómetros cada fin de semana para verla, pero no me importaba porque me hacía feliz. Nos llevábamos bien, nos queríamos, o al menos eso pensaba yo. Éramos muy diferentes, teníamos formas opuestas de ver la vida aunque esto, al principio, no había supuesto ningún problema.

Cuando nos conocimos, queríamos estar siempre

juntas, compartir nuestra vida. Después de esa etapa, nos alejamos un poco la una de la otra, creo que nos concentramos únicamente en nuestro trabajo y en intereses personales. Quizá fue la distancia y la monotonía, o quizá nuestro amor no era lo suficientemente maduro para enriquecer la relación. Creo que necesitábamos un afrodisiaco para encender nuestra pasión.

Quería hablar con Mia y dejarle claro que lo que hizo no estuvo bien, que mi beso no fue un beso, que lo que pasó nunca pasó, que no intentara desequilibrar mi bien estructurada vida; pero también quería hablar con Carla y explicarle que nuestra relación ya era más una relación de amigas que de pareja. Aunque antes necesitaba hablar con alguien que supiera realmente como soy. Llamé a Nico y a Tesa, les conté todo lo que había pasado y cómo me sentía y, como siempre, me dieron sus diferentes puntos de vista:

—No sé qué decirte, me sabe muy mal esta situación. Carla y tú os merecéis ser felices. ¿Qué vas a hacer?

—Atrás, no puedes estar tranquilita, mira que te gusta el mambo… Yo, de ti, si Carla no te hace feliz, me quedaba con la americana.

A estas alturas, ya sabréis quién es quién. Por supuesto, Tesa me daba la parte más tierna y romántica de la vida. Su capacidad de amar y esa sensibilidad tan especial con la que lo veía todo, me hacía a veces plantearme ser como ella, pero de inmediato me asustaba pensar que te enamoras, pierdes la cabeza, haces tonterías y acabas sufriendo. De momento, mejor me quedaba como estaba, con mi mínimo nivel de amor. En cambio, Nico me aportaba

131

todo lo contrario, su romanticismo era como el mío o peor. Él era más práctico y siempre me apoyaba en todas mis locuras, creo que veía en mí la vida que a él le hubiera gustado vivir.

Todo este lío es culpa mía, no me conformo nunca con lo que tengo, siempre quiero cambiar, hacer cosas nuevas. Me gustaría ser un poco como mis amigas o como mis hermanos, tener una vida estable para siempre. No sé por qué soy así y lo peor es que no quiero hacer daño a nadie.

Yo sabía lo que me esperaba si continuaba con Carla: una vida tranquila y feliz, y eso era lo que me asustaba. El saber lo que tenía por delante me desesperaba, necesitaba algo diferente, algo nuevo, un no saber qué va a pasar… y con Carla ya no lo tenía. Quería escapar de eso. ¿Qué nos había pasado? ¿En qué momento la relación se había convertido en una no-relación?

Intenté distraerme y no pensar más en lo que iba o no iba a hacer. Me puse a leer, no funcionó; encendí la tele, tampoco fue la solución… Necesitaba relajarme y quedarme dormida. Me acosté, cerré los ojos pero mi cabeza seguía pensando… Imposible relajarme y quedarme dormida. Solo me quedaba utilizar el único método de autorelajación que conocía. Me puse a pensar en ella, en su cuerpo, en sus labios, en sus pechos. Mi corazón se aceleró. Mantenía los ojos cerrados, me venían imágenes en distintos colores. Primero veía unos pechos negros, luego unas piernas blancas… ¿Qué me estaba pasando? ¿En quién estaba pensando? Mientras mis manos volaban acariciando los puntos más sensibles de mi cuerpo, mi mente me proporcionaba dos cuerpos, dos almas, dos mujeres.

132

Había pasado la mayor parte del domingo intentando saber cómo me sentía, qué era lo que quería, cómo lo iba a hacer. Un día después seguía con las mismas dudas, o quizá más. Hoy era día de entrenamiento, Mia iba a estar allí o tal vez no, yo quería ir, o mejor no. Quería preguntárselo todo, pero no podía, no sabía cómo hacerlo... o mejor no quería saber nada y continuar así con mi vida.

Lo ideal sería volar todo el día y no aparecer hasta la noche. O marcharme toda la semana y no volver a la base en siete días. Dependiendo del tipo de misión, volábamos por la tarde, por la noche o incluso pasábamos algunos días fuera. Eso último hubiera sido ideal para tener suficiente tiempo para pensar. Quizá para ella aquel beso solo fue una tontería producto del alcohol y la noche. A lo mejor era lo que hacía siempre cuando estaba destinada en un nuevo país: experimentaba con mujeres de otras culturas y luego, a los tres años, cuando acababa su ciclo militar, empezaba de nuevo a hacer lo mismo en otro país.

Lo cierto era que Mia había llegado a España, se había metido en mi vida y había alterado mi mundo.

Después del trabajo, llegué a la residencia, me tumbé en la cama y me puse a pensar; no tenía que volar por la tarde y podía ir a entrenar. Para mí eso siempre era una alegría, pero hoy no. Era mi equipo, yo era la capitana, tenía un compromiso, no podía fallar y, además, no nos engañemos, quería verla, o eso pensaba por momentos.

Cada semana, solía quedar con Sara en una de las cafeterías de la base, una vez le insistí en salir a la ciudad y tomar algo allí, pero no quiso. Le pregunté el motivo y me contó que al llegar a la base, le dije-

133

ron que en la ciudad había un mercado con productos frescos españoles y a la semana siguiente quiso acercarse, y como no conocía a nadie salió sola. A medida que me contaba su aventura yo sentía vergüenza ajena. Poco antes de llegar al mercado, un chico que iba montado en su bici se acercó a ella por detrás y le tocó el trasero. No contento con eso, mientras se alejaba con su bici, le dirigió una serie de insultos y barbaridades.

Sara estaba en un país nuevo, con una cultura totalmente diferente, a miles de kilómetros de su casa, sola, no entendía ni una palabra de español y la primera vez que salió a dar una vuelta se encontró con un hombre así.

—No tiene por qué volverte a pasar. Si sales conmigo, no sucederá de nuevo —le dije, sin estar segura de ello—. Siento que hayas tenido esta desagradable experiencia pero todos los hombres no son iguales. Por favor, no juzgues a una región o a un país solamente por una persona, date otra oportunidad y disfruta de España.

Todas estas bonitas palabras Sara me las fue recordando a medida que yo le contaba mis experiencias dentro de la Armada. Sigo pensando que no todos los hombres son iguales, Nico no es como todos los hombres, JP y Eduardo son dos personas encantadoras. Estos tres seres humanos tienen pene, pero ello no les impide respetar a las mujeres y valorarnos tal y como somos.

Faltaban apenas cuarenta minutos para el entrenamiento, tenía que tomar mi decisión. Yo quería ir, quería entrenar pero no sabía si quería verla. No sabía qué decir o qué hacer, me sentía culpable por haberla seguido esa noche, por no soltarme de su mano y agarrarme más fuerte, por haber disfrutado de ese beso...; estaba enfadada con ella porque yo no quería hacerlo, no debería haberlo hecho, me provocó, se aprovechó de mí. Esa noche no debería haber existido. Cambió mi vida para siempre.

Empezó el entrenamiento, comenzamos a correr y me puse nerviosa. ¿Dónde estaba Mia? ¿Por qué no había venido? ¿Se arrepentía de lo que había pasado? Yo, a pesar de mis dudas, fui al entrenamiento y, como pude, hice frente a la situación, pero ella ni se había molestado en ir, ni siquiera le importaba lo ocurrido. Me lo temía, para ella era algo normal que hacía en todos los países a los que iba. Usaba a las mujeres a su antojo para confundirlas y destruir sus vidas.

Acabó el entrenamiento y no apareció. Llegué a mi habitación y me vino a la mente otra preocupación: Carla. Tenía que hablar con ella, sabía que no era el mejor momento pero nunca lo sería. Estaba enfadada conmigo misma, me sentía como una tonta pero tenía que ser justa. Carla no se merecía nada de esto; mi vida, mis pensamientos eran paralelos a los suyos y no sabía si alguna vez volverían a converger.

Al menos cuando volaba estaba en otra dimensión, en un cielo azul, inmenso, infinito, plagado de posibilidades; no había espacio para otros pensamientos que no fueran esos. Las nubes jugueteaban en el cielo, escondiéndose unas detrás de otras entre ese azul celeste. Ese azul que cambiaba a naranja y rojo durante el atardecer y a casi negro cuando caía la noche. Esas nubes que se transformaban en estrellas, y un sol y una luna que jugaban a esconderse el uno de la otra en esa inmensidad.

Al observar el mundo desde el avión, me daba cuenta de que éramos nosotros, los humanos, quienes perturbábamos la paz. Allí arriba, incluso cuando se enfadaban, lo hacían en perfecta armonía. El avión notaba las malas vibraciones cuando algo estaba pasando, se podía oír el viento murmurar, todo se oscurecía, el sol asustado se escondía, las nubes empezaban a llorar mientras el cielo, temeroso de tanta oscuridad, jugaba a los relámpagos. De repente, una voz ronca y fuerte rugía, las nubes seguían llorando hasta que se quedaban sin lágrimas, y todos se calmaban y sonreían. Era una sonrisa roja, naranja, azul, amarilla, verde, violeta y añil. Es la sonrisa más bonita que he visto en mi vida. El avión dejaba de temblar, ya no estaba asustado. Ahora sí, contento al ver esa sonrisa, volvía a volar suavemente, jugueteando con las nubes.

136

Pero la realidad se interponía en mis sueños como piloto. Un día, después del vuelo, al aterrizar fui corriendo a mi habitación, mi vejiga no podía aguantar más. Como siempre, tuve que realizar el ritual de quedarme prácticamente desnuda para poder orinar. El mono de vuelo estaba diseñado para hombres. Nunca se había pensado que las mujeres también podíamos volar. Llevaba una cremallera desde el cuello hasta los muslos, tenía que sacar los brazos de las mangas del mono y dejarlo caer hasta la altura de mis tobillos. Al principio me sentía incómoda quedándome casi desnuda para tener que orinar pero, como siempre, me resigné a ello, sin comprender cómo en estos tiempos todavía nadie había caído en la cuenta de que las mujeres, por increíble que parezca, somos capaces de pilotar un avión.

Aún tenía que hablar con Carla y decidir qué iba a pasar con Mia.

Cogí el vuelo Sevilla-Valencia. Durante el trayecto tenía claro que habría un antes y un después de este viaje. A veces, no me reconocía a mí misma. Me sentía muy segura en mi trabajo pero no en mi vida sentimental. No sabía lo que sentía o hasta dónde podía llegar. Llegué a casa y esperé a Carla. Mi cabeza daba vueltas y vueltas, miles de pensamientos se amontonaban, unos encima de los otros sin llegar a ningún fin. Carla abrió la puerta, me miró pausadamente y sonrió, tímida.

—¿Qué pasa, Patri? —me preguntó dulcemente.

—La verdad, no lo sé… —contesté.

—Yo no quiero verte así, esta no eres tú… —me dijo Carla mientras me acariciaba el pelo.

—Creo que necesito un tiempo —le confesé.

—Sabía que algo pasaba, pero, pero… ¿un tiempo? Las dos sabemos lo que eso significa.

—Lo siento, a lo mejor después todo se arregla —le dije sin apartar la vista del suelo. No quería mirarla, no quería verla llorar, no quería llorar con ella, no…

—¿Desde cuándo llevas pensando en eso? —me preguntó entre sollozos.

Al describir este momento, se me sigue partiendo el corazón. Era un dolor que penetraba hasta el alma y me provocaba una tristeza que no sabía que existía. La abracé y, aunque me fue muy difícil, intenté no llorar con ella. ¡Qué duro era esto! Me sentía muy mal conmigo misma, no quería hacerle daño pero se lo hice y mucho. Yo la quería, pero quizá la quería por costumbre. Y ya no había vuelta atrás.

La culpa me estaba matando, me condenaba. Hacía un día que había llegado a Brota y ya la echaba de menos. La culpa me paralizaba y me confundía. Mi corazón se había mantenido virgen hasta entonces, había impedido que nadie perturbara su felicidad durante casi treinta años y ahora este ataque por sorpresa lo destruyó completamente. Prefería romperme una pierna jugando al fútbol. Era menos doloroso.

Mirando la parte positiva, me reconfortaba saber que yo también tenía sentimientos, aunque me hicieran daño, aunque me destruyeran un poco por dentro. ¿Esto era el amor? ¿Era lo que una persona sentía cuando rompía con la rutina? ¿O era miedo de salir de lo conocido y entrar en lo desconocido? Sea lo que fuera, no me gustaba nada. Cada vez que pensaba en Carla aumentaba mi sentimiento de culpa. Una culpa que me estaba robando parte de mi vida. ¿Hasta cuándo? Estaba atrapada en ella, enfocada en el pasado, en lo que hice y no debería haber hecho. Realmente ya no importaba, no podía cambiar nada. El pasado seguiría siendo pasado.

Solo había una cosa que me distraía y me hacía sentir mejor: el fútbol. Necesitaba jugar, marcar goles y sentirme bien. Era algo extraño, podía jugar un buen partido, mi equipo podía ganar, pero si yo no marcaba goles mi felicidad no era completa, me faltaba algo. El fútbol significaba también ver a Mia. Pero aún estaba muy enfadada con ella porque la consideraba culpable de todo. Había aparecido en mi vida, la había revuelto y ahora, encima, quería hablar conmigo. ¿Hablar? Yo no tenía nada que hablar con ella. Lo tenía claro, no iba a consentir que también me quitara lo que más me gustaba. Iba a continuar jugando al fútbol en mi equipo.

Me preparé para el entrenamiento. Cogí mi bolsa de deporte y me marché. Me notaba intranquila, nerviosa. ¿Qué iba a decirle si se acercaba a hablar conmigo? ¿Que por su culpa había terminado con algo muy bonito? ¿Que me dejara en paz? ¿Que me olvidara y se fuera del equipo? O que me hablara, que me dejara conocerla… No sé si quería eso, podría gustarme. No entendía qué misterio me atraía hacia ella.

Llegué al campo, aparqué, salí del coche y ahí estaba, de pie frente a mí. La miré y un escalofrío recorrió mi cuerpo desde el estómago hasta el pecho. ¿Qué me estaba pasando? Me preguntó por qué no había respondido sus mensajes y me dio un sobre. Ahora entendía a mis amigas cuando éramos pequeñas y les daba vergüenza hablar con chicos. Entonces no comprendía por qué, me parecía una tontería que pudiera intimidarles saludar a un chico por el hecho de serlo. Tal vez, sexualmente hablando, tenía ahora, casi a los treinta, reacciones que mis amigas habían tenido a los dieciséis. Eso estaba bien. Prefería no haber sufrido antes este descontrol en mi cuerpo y en mi mente. Se parecía un poco, pero solo un poco, a la noche de antes de jugar un partido, cuando los nervios no me dejaban dormir y me imaginaba jugadas, goles… Pensé en abrir el sobre pero en ese momento Sara aparcó su coche junto al mío. Metí el sobre en mi bolsa y me dirigí al vestuario.

Tras el entrenamiento, llamé a Carla. Estaba muy mal. No soportaba oírla en ese estado, era muy difícil para mí, muy duro, ¿cómo pude hacerle algo así? Este tipo de dolor era peor que romperse el ligamento cruzado de la rodilla durante un partido. De los diez huesos que me he roto, ninguno de ellos ha sido tan doloroso. Era otro tipo de dolor, más intenso y duradero, más profundo y agudo, más opresivo y visceral. Los huesos tenían solución pero ¿esto, cómo se curaba?

Me dijo que no quería saber nada más de mí, que no la llamara más.

Al llegar a la habitación abrí el sobre que me había dado Mía. Cogí fuerzas, me imaginé sus grandes ojos almendrados y empecé a leer:

> Hola, Pat. ¿Cómo estás? No sé cómo empezar ni qué decir. Me siento mal por lo que ocurrió y te pido disculpas si te herí, no era mi intención. Fue una larga noche. Podemos olvidarla y hacer ver que no pasó nada si es lo que quieres tú. Estaba confusa. No sé si eres o no gay y puedo entender que te enfades conmigo por ello. Lo único que quiero es jugar al fútbol y tener una buena relación contigo. No quisiera que esta situación signifique un problema para nuestro equipo. Estoy aquí si quieres hablar sobre ello.
>
> MIA

En ese momento no era capaz de asimilar nada y mucho menos de decidir qué quería hacer con Mía, de modo que quise olvidar su carta, pasar página y centrarme en mi rutina en la base, al menos era algo mucho más sólido que mi vida sentimental.

En Brota los días siempre seguían el mismo patrón, igual que las misiones. Después del despegue y el ascenso, una vez ya en crucero, la carga de trabajo disminuía significativamente. Era entonces cuando de vez en cuando podía observar ese cielo vacío, a veces acompañado de nubes y otras veces de estrellas. Ese azul ilimitado me llenaba de vida, me ofrecía el infinito, no me ponía límites ni me juzgaba por ser diferente. Me arropaba y me comprendía. Era un cielo para todos, hombres, mujeres, gays, lesbianas, negros, blancos...Todos éramos tratados de la misma forma. El sol nos calentaba a todos por igual y la luna nos alumbraba al anochecer, no solo a unos pocos sino a todos. Allí, en esa dimensión gobernada por estrellas todo tenía más sentido. Una sonrisa aparecía reflejada en el cristal del avión cuando pensaba que podía ser yo misma. Me enorgullecía de ser mujer, ser hija, ser hermana, ser amante, ser humana, ahí arriba en ese cielo.

En la parte más tenebrosa de la tierra, esa parte gobernada por los humanos, quedaban bloqueados el placer y la gratitud por ser mujer y lo que podíamos conseguir. Preparando el descenso para aterrizar, todo volvía a la normalidad, a esa normalidad que no tenía que ser, pero era. Esa normalidad que nos había adecuado a lo inadecuado y nos hacía renunciar a nosotras mismas. A medida que descendíamos y observaba todo lo construido por los humanos mi cuerpo se volvía a llenar de culpa, esa culpa que siempre estaba presente: por ser mujer, por ser piloto, por jugar al fútbol, por ser lesbiana... No importaba de qué se tratase, era un amuleto que me servía para no crecer, para no comprometerme con mis deseos más profundos, con mis sueños.

Un día, tras aterrizar y estacionar el avión, uno de los pasajeros se despidió de nosotros, no sin antes confirmarme que estábamos de nuevo en la parte más tenebrosa de la tierra.

141

—Estoy gratamente sorprendido, es la primera mujer que conozco que sabe cómo aparcar.

No le importaba que el vuelo hubiese transcurrido sin ningún incidente, que hubiésemos evitado turbulencias o que ni siquiera hubiera notado el aterrizaje. No, lo sorprendente era que una mujer supiese aparcar. Todas mis buenas sensaciones allá arriba se convertían otra vez en un simple espejismo. Una pena que las estrellas no gobernaran nuestra parte de la tierra.

La carta de Mia me había hecho pensar, quizás la había juzgado sin conocerla. Ella no sabía nada de mí y yo menos de ella. Teníamos culturas, colores y formas de pensar diferentes. ¿Quién era yo para juzgar lo distinto? Cometió un error pero no hizo nada que yo no hubiese hecho antes. Se arriesgó. Asumió que yo era gay. Acertó. Supuso que estaba disponible. Erró. Supuso que yo me sentía atraída por ella. Erró otra vez. Nuestros mundos eran totalmente distintos, nuestros valores no tenían nada en común, lo único que nos unía era el fútbol y hasta eso lo disfrutábamos de dos formas diferentes. Si teníamos que ser compañeras de equipo, lo mejor sería que hablara con ella y fingiésemos, como ella había escrito en su carta, que nada había pasado. Pero sí que había pasado algo y me había cambiado: ya no tenía a mi lado a la persona más importante de mi mundo.

Me decidí y quedamos para hablar, nos encontramos en su casa, vivía fuera de la base. Tenía pensado decirle tantas cosas que no sabía cómo empezar; no quería estar enfadada, pero lo estaba y dentro de mí podía sentir que le echaba la culpa por haber perdido a Carla. Llegué a su casa, un lugar muy bonito cerca de la playa desde donde se podían oír las olas del mar, me detuve unos instantes delante y antes de llamar a su puerta pude ver una tabla de surf secándose en el jardín. Realmente no sabía qué hacía allí, para qué había ido, no había sido una buena idea y no tenía nada de qué hablar. Todo estaba bastante claro, me di media vuelta y oí su voz:

—Hi Pat. Come in.

Entré en su casa, me notaba incómoda, quería irme pero era demasiado tarde. Debía hacer frente a la situación. Me senté en el sofá e intenté de alguna manera disimular mi incomodidad. Ahí estaba Mia, mirándome con esos impenetrables ojos y yo sin saber lo que querían, me incitaban a algo desconocido. No quería mirarla, tenía miedo de algo pero tampoco sabía de qué.

Mi intención era buena, quería hablar con ella, arreglarlo todo y seguir jugando al fútbol, que era realmente lo que deseábamos las dos, o eso pensaba yo. Al final, todo fue un desastre. El fantasma de Carla apareció del pasado oscureciendo mi presente, su forma de emerger fue más sofisticada que los fantasmas de las películas, no tenía forma de bestia o de ente difuminado, era simplemente ella, mirándome tristemente y rompiéndome el corazón.

Decidí pasar el fin de semana con mi familia y mis amigos. Me fui a casa, necesitaba hacer algo y quería cambiar de aires. No quería estar encerrada entre las cuatro paredes de mi pequeña habitación. Además, debía contarle a mi madre lo que había ocurrido. Se iba a llevar un buen disgusto porque le había cogido mucho cariño a Carla, pero era mi vida, yo tomaba las decisiones y acarreaba con las consecuencias de mis equivocaciones. No me apetecía hablar de ese tema con nadie, pero era inevitable. Eran mis amigos y mi familia; en definitiva, mi mundo. Les iba a costar entender mi decisión, pero me iban a apoyar. Después de un largo viaje, llegué al aeropuerto. Solo me quedaban unas cinco estaciones de metro y estaría en casa. Esta vez sería diferente, no habría nadie esperándome, la casa estaría vacía, sin ella y sin su ropa, sin su olor. ¿Qué había hecho…?

Al día siguiente había quedado con mi madre, le había dicho que tenía que hablar con ella y mientras preparábamos la comida, sin ninguna introducción, ni preliminares, le dije que lo había dejado con Carla. Me recriminó el daño que le habría hecho y estábamos a punto de discutir cuando me di cuenta de que no me apetecía enfadarme con ella.

Cuando acabamos de comer la acompañé a la estación, y antes de subir al tren rebuscó en su bolso y me entregó una carta.

—Escribí esto hace tiempo para ti. Léelo en casa.

—¿Qué es? —le pregunté con curiosidad.

—Algo que quiero que sepas —me contestó. Me dio un abrazo y se subió al vagón. Dejé la estación, fui andando en dirección a mi casa y me detuve en un parque que hay al lado. Vi un banco vacío y me senté, saqué la carta del sobre y empecé a leer.

Los padres que aceptamos a nuestros hijos homosexuales nos creemos más comprensivos y complacientes que los demás, pero en realidad os aceptamos porque siempre nos han atraído las personas especiales como vosotros. Después nos damos cuenta de que cuando ocurre este pequeño milagro, no es porque vosotros hayáis decidido ser diferentes sexualmente. No, vosotros no sois responsables, somos los padres por medio de nuestros espermatozoides y óvulos, los responsables de que estas maravillosas personas existan en este mundo. Sin saberlo, muchos no aceptan a sus hijos, amigos o conocidos por ser maravillosamente diferentes. Un gran error.

MARÍA TERESA

En algo tenía razón: es algo que no elegimos. Somos así porque hemos nacido así. Me sentía afortunada de tener una familia que me apoyaba. Como ella decía en su carta, muchos padres no aceptan a sus hijos, quizá por miedo a lo desconocido o por impotencia. Es algo incomprensible. Ella siempre ha pensado que mi vida sería más sencilla si no fuera gay. Tiene razón. Pero realmente, a pesar de todo lo que he vivido, de lo triste que es no poder ser una misma por miedo a que te agredan, te juzguen o te discriminen, cuando vuelva a nacer pediré ser mujer y pediré ser gay. Son dos de las cosas que más momentos felices me han aportado en esta vida.

De nuevo en Brota, empezaba una semana más. Al menos en mi caso el trabajo nunca era una rutina. Cada vuelo, cada destino siempre era algo diferente. Me sentía más liberada, había podido hablar con Tesa y Nico y eso siempre me ayudada, aunque el fantasma de Carla me seguía acompañando. Ahora sabía que era un juego de sombras que quería confundirme, una aparición inducida por la culpabilidad de mi conciencia. El otro fantasma, el de Mia, era real. Estar en la base y jugar al fútbol significaba ver a Mia. Era lunes y había entrenamiento; si volaba por la tarde no podría entrenar, pero yo quería ir. ¿Quería entrenar o quería verla? Yo creo que las dos cosas, pensaba que quizá si pasaba más tiempo con ella podría conocerla un poco más, desaparecería el misterio y, lo más importante, desaparecería de mi mente.

Pasó la mañana, se asignaron las misiones y tuve que volar por la tarde, de modo que me quedé sin entrenar. Al aterrizar, después del vuelo, me fui directamente a mi casa, a mi habitación, quiero decir. Había pensado en ir al gimnasio para compensar la falta de entrenamiento, pero era demasiado tarde y tenía muchas cosas que estudiar. Llegué a mi habitación y, sin quitarme el mono de vuelo, me senté delante del ordenador y lo encendí. Creo que quería saber si Mia me había escrito. Necesitaba mi dosis de ella.

Ahí estaba su mensaje. Una pequeña sonrisa se me escapó sin quererlo. Ya no tenía a nadie en mi vida, por primera vez en mucho tiempo tenía la oportunidad de disfrutar de mí misma. Aunque eso no quitaba que notara la ausencia de Carla y la echara de menos. Estaba sola conmigo misma y eso era peligroso. Con su mensaje, al menos sabía que alguien pensaba en mí, y me gustó que se preocupara. Mia pensaba que yo no había ido al entrenamiento por ella.

Tenía razón, debíamos hablar. Pero cuando la tenía delante, mi mente la culpaba de todos mis males, sabía que no estaba siendo justa con ella y ya había hecho sufrir a demasiadas personas; debía olvidarme del pasado y dejar a los demás continuar con su vida. Fui a verla.

Aun no sé por qué me subí al coche y arranqué.

146

Llegué a la intersección y mis manos giraron el volante hacia la derecha, en dirección a la playa, mientras mi cabeza quería girar hacia la izquierda, al refugio seguro de mi campo de fútbol. Aparqué junto a su coche y desde allí la vi sentada al lado de su tabla de surf, cerca de la orilla. Pude sentir el olor salado del viento que soplaba desde el mar. Caminé hacia la arena, ya casi no quedaba nadie en la playa. Pasé junto a ella, nos miramos, me quité el mono de vuelo, lo dejé a su lado y me metí en el agua. El cielo azulado envolvía el sonido de las olas que iluminaban la orilla para que pudiéramos vernos.

Ese momento de paz junto a las olas me relajó, me quitó toda la tensión acumulada, me sentía libre y sin temor a ningún fantasma. Salí del agua, caminé hacia ella y me senté a su lado. Mia me envolvió con su toalla, era como un abrazo que hacía tiempo que no recibía. Me hizo sentir tan bien… No hacían falta palabras. Ese abrazo derrotó mis temores y, lo más importante, a mi fantasma; llenó mi vacío sentimental de un mar de sensaciones. La tranquilidad de la noche, el sonido de las olas del mar, su toalla, estar junto a ella… Era perfecto.

Hablamos y hablamos durante horas. Sobre la vida militar, sobre el fútbol, sobre Estados Unidos, sobre España. Le gustaba España, su gente, su clima, su comida, su arquitectura. Estados Unidos era diferente, todo era más nuevo. Le encantó que los homosexuales se pudiesen casar en España, en su país no estaba permitido en todos los estados. Me pareció injusto porque el amor es una experiencia humana, no una decisión política. Si eres ciudadano de un país, tienes que tener los mismos derechos que los demás.

Me explicó que los homosexuales no podían ingresar en el ejército. Habían establecido una norma para los gays y las lesbianas: «*Don't ask, don't tell*», que significa que si no se habla del tema es como si no existiera. Los homosexuales estaban siendo claramente discriminados en el ejército: das la vida por tu país pero no puedes decir que eres gay. Eres la misma persona, alguien dispuesto a morir por defender a tu gente. Al menos, en España, «legalmente» los homosexuales somos bienvenidos en todas las instituciones de la sociedad.

Es cierto que la realidad es totalmente diferente y que tenemos que escondernos de compañeros de trabajo, de amigos, de familiares; es decir, de una buena parte de la sociedad. Hay momentos en los que te sientes sola y acorralada, sufriendo ese acoso silencioso, y acabas mintiendo como mecanismo de protección. Da la sensación de que algunos lo que más valoran de ti es con quién te acuestas y no quién eres o cómo trabajas. Tengo que decir, sin embargo, que nunca me sentí triste por verme rodeada de personas que no me entendían o no compartían mi forma de vida, ni siquiera cuando algunos quisieron herirme. Me sentí decepcionada y confusa, pero nunca triste. Eso no lo consiguieron.

A partir de esa noche, todo cambió, empezamos a vernos y a disfrutar la una de la otra. Es fantástico salir con una persona con los mismos *hobbies* que una. Las dos éramos unas enamoradas del fútbol y de disfrutar de la noche. A Mia le encantaba bailar y a mí me gustaba mirarla. Hacer el amor con ella era totalmente diferente a lo que había conocido hasta entonces. Pasó un tiempo hasta que me sentí realmente preparada para ello, porque a veces el fantasma de Carla volvía a aparecer y me atemorizaba con sus sombras.

La vida en mi otra vida, aquella en la que tenía que fingir algo que no era y parecer algo que no quería, seguía igual. Era un trauma tener que vivir una doble vida, sentirme diferente e incapaz de expresarme. El tiempo pasaba pero las mentes se quedaban atascadas, yo no tenía derecho a ser, pensar, sentir y actuar de manera diferente a lo que ellos consideraban adecuado. Mi conducta tendría consecuencias y las debería aceptar, sintiéndome siempre culpable por ser diferente. Pero yo sabía que debía seguir luchando, no para cambiar a los demás, sino para que los demás no me cambiaran a mí. Sabía que la opinión que yo tenía de mí misma era más valiosa que la opinión que otros hombres tuvieran de mí, era a mí a quien no debía decepcionar, porque yo era la única que estaría conmigo hasta el final.

Estaba viviendo en una sociedad y en un estamento llenos de violencia por lo general sutil, pero que cada día intentaba degradarnos un poquito más hasta quitarnos lo único que realmente no podía arrebatarnos, nuestro pensamiento. Con sus miradas, acosos silenciosos o simplemente con la forma de sentarse en el metro, dejaban claro su derecho a estar en el mundo.

Yo lo tenía bastante difícil, era mujer y lesbiana. Estaba claro que me gustaban los retos. Por eso el destino, la casualidad o no sé qué me hizo querer ser piloto militar. Era una mujer que podía llevar ese peso, que me cambió y me ayudó a ser más humana, más mujer. Me di cuenta de ese cambio cuando mi superior y amigo JP me llamó por teléfono y me dijo que quería hablar conmigo, que me pasara por su oficina. Sabía que algo sucedía, él nunca me llamaba para eso. Antes de acabar la jornada laboral, fui a su oficina.

—Pasa y cierra la puerta —me dijo.

—¿Qué pasa? Me estás asustando —le dije nerviosa.

—Siéntate. Una tontería, simplemente para que sepas lo que me ha dicho el súper jefe.

¡El jefe, el jefazo le había dicho algo de mí! Me hubiera sentido halagada si no hubiese sospechado que me habían nombrado por algún motivo no profesional. De otra forma, JP no me habría llamado a su despacho con tanta urgencia.

—El súper jefe me ha comentado que alguien le ha dicho que eres lesbiana —me dijo tímidamente.

Me reí, me pareció muy cómico porque era como un chiste: me ha dicho que le han dicho… Al menos era esa tontería.

—¿Te ríes? Yo también. Te lo cuento para que sepas por dónde van los tiros.

Sabía que me quería y que me lo contaba para protegerme. Era mi amigo, uno de los pocos que tenía en la base, y tenía que decirle la verdad.

—Me parece muy fuerte que una persona tan importante y ocupada pierda su tiempo diciéndote que yo soy lesbiana. Y también me parece triste la persona que se lo haya dicho, porque lo ha hecho para hacerme daño. No entiendo que personas adultas, en el siglo en el que estamos, quieran aprovechar la condición sexual de una compañera para discriminarla e intentar hacerla sentir mal —le expliqué seriamente.

—Patri, ni caso —me contestó con su cariñosa sonrisa.

—Bueno, pues ya que estamos hablando del tema, te lo voy a decir. Sí, lo soy. Soy lesbiana. Quería decírtelo desde hace tiempo pero nunca encontraba el momento adecuado y tampoco sabía cómo te lo ibas a tomar.

—¿Pues cómo me lo iba a tomar? Yo te apoyo en todo y si eres feliz, yo también.

—Lo sé, gracias.

Menos mal que JP formaba parte de mi vida, si en lugar de ser él el receptor del mensaje hubiese sido otro, seguramente estaría metida en un buen lío, simplemente por ser gay. Francamente, empezaba a estar harta de mi doble vida. Al principio la construyes poco a poco, sin darte cuenta, y vas intentando acercarte al mundo masculino, te adaptas a él por instinto de protección. Pero cada día tienes que aguantar faltas de respeto, bromas racistas, homófobas... y llega un momento en el que ya no puedes conformarte con vivir en ese ambiente tan tóxico y desagradable.

Sin embargo, mi vida personal era maravillosa, fantástica. Tenía una familia increíble y los mejores amigos que una pudiera desear. Por eso decidí presentarles a Mia. Recuerdo que mi madre me había dicho que no quería conocer a ninguna otra de mis parejas, pero esperaba que se le hubiera olvidado. Mi familia vino a visitarme a la base durante el verano, era el momento ideal, salimos a cenar y todo fue mejor de lo que esperaba. Mia y mi madre acabaron bailando juntas al son de un gitano y su guitarra. Recuerdo que cuando éramos pequeños, mi madre aprovechaba la música de los anuncios de la

151

tele para bailar, y a mí me gustaba mirarla, igual que ahora me encanta ver bailar a Mia.

Soy consciente de que la vida son ciclos de felicidad y tristeza. Cuando soy feliz sé que después vendrá el dolor, pero siempre intento que mi ciclo de felicidad dure lo máximo. En eso estaba yo, disfrutando del pico de mi *happiness*, en el punto más alto de la curva, donde me había mantenido durante casi dos años, y sabía que había llegado el momento de descender bruscamente. Así fue. Mia regresaba a Estados Unidos después de tres años destinada en España. Sabía que iba a ocurrir, creía que me había mentalizado, que lo tenía bajo control, pero mi corazón no pensaba igual y se negaba a aceptarlo. En cuanto a Mia, no era la primera vez que cambiaba de aires, pero sí que era la primera vez que tenía una relación como la nuestra. Estábamos tristes, habíamos encontrado a alguien excepcional, con los mismos gustos e inquietudes y ahora nos íbamos a separar. Las relaciones a distancia no eran lo mío. En eso discrepaba de Mia, en cuya opinión no poder compartir físicamente las cosas cotidianas de la vida, no poder abrazarme, olerme o verme, haría que su deseo de estar conmigo aumentase. Era una gran oportunidad para conocernos más y conocer nuestros límites.

—Cada vez que piensas en mí, nuestros pensamientos se besan en la distancia —logró decirme en español.

Recuerdo el día de la despedida. Fui al aeropuerto militar con Mia. Otros militares también se marchaban a otros destinos; la diferencia entre ellos y nosotras es que ellos iban acompañados de sus familias y parejas, y yo fingía ser solo su amiga. Ellos se abrazaban, se cogían de la mano, se daban besos, lloraban y nosotras solo nos mirábamos, no podíamos hacer nada de lo que nos hubiera gustado. Yo me moría de ganas de abrazarla, de besarla, pero no debíamos. Éramos dos mujeres. A pesar de ser dos seres humanos que se querían, la sociedad había puesto reglas al amor y no estaba permitido que dos mujeres se amaran. Es curioso, la sociedad consiente que dos mujeres, dos hombres o dos países se odien y se maten, pero que dos seres humanos se quieran, eso es distinto, es intolerable. Me marché del aeropuerto. Mi pasión por los aviones se convirtió en un mal recuerdo, servían para separarnos por mucha, mucha distancia.

Mi vida en la base no tenía mucho sentido. Ni mis aviones ni el fútbol, nada era lo mismo. Echaba de menos su voz, sentir sus besos sobre mi piel, su ausencia me hacía añorarla cada día más. Nunca pensé que pudiera pasarme algo así, al final conseguí lo que tanto quería: tener sentimientos como el resto de los mortales. Sin ella me sentía incompleta y no me gustaba. Dependía de Mia para ser feliz, echaba de menos tenerla en mi vida, jugar al fútbol con ella, oír su risa... Hacerle el amor me ayudaba a sintonizar mi cuerpo con mi alma. Ese torrente hormonal me inducía a un satisfactorio estado de placer, me desintegraba por un instante y volvía renovada.

A veces lograba sentirla más cerca de mí, cuando me acostaba pensando en ella. Imaginaba su negro cuerpo desnudo, evanescente y hecho de lunas junto al mío. Su perfecta silueta se confundía con la oscuridad de la noche, iluminándome. Me acariciaba lentamente recorriendo todo mi cuerpo. El deseo

153

paralizaba todos mis sentidos y al querer tocarla se apagaba como una vela. Luego me dormía...

Los fines de semana me iba a Valencia. Sin Mia en la base, no tenía mucho sentido quedarme allí. Fue como un regreso al pasado en el que recuperé viejos amigos y aficiones. Tesa y Nico formaban de nuevo parte de esa vida, volvíamos a salir y a reír como antes, y me di cuenta de cuánto les había echado de menos. Uno de esos fines de semana me encontré con Bárbara, una chica de la universidad de la que Nico, confundido totalmente, creyó estar enamorado. Nos veíamos por primera vez en muchos años, me alegré muchísimo, no había cambiado nada, sus mismos ojos, su mismo estilo... Estuvimos hablando de todo un poco. Bárbara me dejó claro que estaba soltera y yo le seguí el juego. Ahora sé que me equivoqué.

Tras una noche en la que reímos, bailamos y en la que las dos sabíamos lo que iba a pasar, llegamos a mi casa. Tímidamente nos tumbamos en la cama y el pasado se apoderó de nosotras. De nuevo, ninguna de las dos se atrevió a dar el primer paso; a medida que pasaban los minutos, me sentía más y más culpable, trataba de tranquilizarme y pensar que, al fin y al cabo, no pasaba nada: éramos dos amigas compartiendo la misma cama. Hasta que de repente Bárbara se dio la vuelta, se puso encima de mí y comenzó a besarme. Al principio, mis labios se movían al compás de los suyos, pero cuando noté su mano por debajo de mi camisa le pedí que parara. Me sentí mal, por ella, por Mia, por mí. No quería hacer daño a nadie. Mia no se merecía eso, Bárbara tampoco. No quería estropear mi amistad con ella. Después de muchos años y muchas oportunidades, el destino nos había jugado una mala pasada: ahora no era el momento. Tampoco quería romper algo tan bonito como lo que tenía con Mia, por fin había encontrado a esa mujer que me apoyaba, que me ayudaba a ser mejor, que jugaba conmigo al fútbol, que veía mis colores como nadie lo hacía. Y que amaba mis perfectas imperfecciones.

No haber caído en la tentación me demostró que había cambiado, que ya no era prisionera de mis propios instintos; cualquiera podía besarme la piel pero solo Mia era capaz de besarme el alma. Y entonces decidí que había llegado mi momento.

No me siento alguien especial por haber conseguido ser la única mujer piloto de reactor de la Armada. Creo que solo feliz y satisfecha por haber alcanzado mi sueño. Me he demostrado a mí misma que si alguien quiere algo y lucha con todas sus fuerzas, por imposible que parezca y por muchas trabas que encuentre en el camino, lo puede lograr.

Ahora, después de todos estos años ya no vivo con mis fantasmas, me gustan los retos y los afronto sin pensármelo demasiado. Además, no descanso hasta que consigo llegar donde me propongo, no sé si se trata de demostrar que yo también puedo o es una cuestión de rebeldía y de dignidad.

En la Armada no me querían porque era una mujer, molestaba, les obligaba a replantearse muchas cosas. Pero yo conseguí pasar todas las pruebas y eso me dio cierta sensación de venganza: No me queréis, pero estoy aquí y no me podéis echar. Estuve en el Ejército ocho años, y los primeros fueron durísimos. No estaba nada cómoda, me veía obligada a esconder mi condición sexual para no tener problemas, aguanté porque tenía un objetivo muy claro. Me di cuenta de cómo de inhumanos podían llegar a ser los humanos. Cuando ya no estaba motivada y no me compensaba vivir de ese modo pedí una excedencia. Fue toda una lección de vida. Y a pesar de todo, REPETIRÍA. Conocí a dos personas maravillosas y a mi pareja.

Continué soñando y seguí mi camino.

4

Fútbol, otra lengua africana

«*The path that I'm walking, I must go alone. Fairy tales don't always have a happy ending. And I foresee the dark ahead if I stay. I hope you know, that this has nothing to do with you. It's personal, myself and I.*»

FERGIE, *Big girls don´t cry*

* * *

*E*staba cansada de mi vida en Brota, ya no me satisfacía mi trabajo y tenía la sensación de que por mucho que me esforzara siempre sería una excepción, una extravagancia, que tendrían que soportar. De modo que cuando surgió la posibilidad de trabajar como entrenadora de fútbol en Estados Unidos no me lo pensé. Decidí cerrar una etapa de mi vida para iniciar otra muy diferente. No me arrepiento de los años que pasé como piloto, volvería a hacer las oposiciones y repetiría paso a paso toda mi trayectoria porque conseguí lo que me había propuesto. Me sigue apasionando volar pero ahora lo hago cuando me apetece, cuando necesito relajarme. Me subo ahí arriba, me dejo llevar, vuelo y disfruto.

Estaba lejos de casa, sí, pero ¿qué oportunidad había en España para una mujer que quería ser entrenadora? Llevaba toda una vida jugando al fútbol y me entristecía ver que en nuestro país ni siquiera las mejores jugadoras podían asegurarse una carrera profesional en este deporte. Imposible.

Imposible aquí, pero no allí. En 2013 me trasladé

a Carlsbad, California, con Mia, por supuesto, dispuesta a entrenar al Soccer United de San Diego.

Al principio fue duro. Estaba sola, sin amigos ni familia, solo tenía a Mia, que pasaba los días trabajando. Apenas nos veíamos unas horas por las noches. No era lo que me esperaba, pensaba que estar con ella en California sería una prolongación de lo que vivimos en Brota. Pero no fue así. No hay tiempo para eso.

Sufrí un shock cultural. En Estados Unidos no hay tiempo para nada. Todo el mundo trabaja, trabaja y vuelve a trabajar. Supongo que cuando no puedes luchar contra el enemigo te unes a él, y eso es lo que hice. Por las mañanas daba sesiones privadas de fútbol. Sí, ya sé que parece raro. En España nadie pagaría por eso, porque todo el mundo cree que sabe jugar, pero aquí hay muchos padres que quieren que sus hijas progresen en este deporte y tengan una buena oportunidad profesional, y hacen todo lo que está en sus manos por conseguirlo. Por las tardes entrenaba a mi equipo, y en mis horas libres aproveché para ir a la universidad. Los fines de semana buscaba algún partido que se organizara en cualquier parque cerca de casa para poder jugar. Mia me acompañaba muchas veces. Mi vida allí estaba dedicada totalmente al fútbol, sin horas libres, ya era una más de ellos.

Al principio me sorprendió su forma de jugar, su *fair play*, al contrario que nosotros, que hacemos cualquier cosa por ganar. Recuerdo uno de los primeros partidos que dirigí: a los diez minutos aproximadamente de comenzar el encuentro, una de las jugadoras del otro equipo cayó en el campo lesionada y de inmediato todas las jugadoras de ambos equipos hincaron una rodilla en el suelo como muestra de respeto, hasta que la lesionada fue retirada del terreno de juego. Jamás había visto nada parecido en mi vida. Me quedé pensando unos segundos. ¿Debía arrodillarme yo también? Observé al entrenador del otro equipo y vi que permanecía de pie, así que yo hice lo mismo. En Europa, la única «consideración» que tienes cuando alguien se lesiona y vas perdiendo es decirle al árbitro que pare el reloj para que no corra el tiempo. Incluso mi forma de dar indicaciones a mis jugadoras desde el banquillo era diferente a la de los entrenadores americanos. Yo no les oía durante los noventa minutos que duraba el partido, en cambio yo estaba continuamente gesticulando y dándoles indicaciones a mis jugadoras. Creo que los españoles somos un poquito más pasionales. Mia siempre me lo recordaba: «No te muevas tanto, no te metas en el campo, tranquilízate...».

Me sorprendió gratamente que en Estados Unidos las jugadoras de fútbol están muy valoradas. Me gusta el ambiente que se vive en los equipos femeninos estadounidenses y cómo se apoya a las deportistas para que lleguen hasta la cima de sus carreras y consigan buenas becas para ir a las mejores universidades gracias al deporte.

Cuando logré adaptarme a este gran cambio, mi vida transcurría muy feliz. Tenía un trabajo que me entusiasmaba, una pareja que me apoyaba en todo e incluso podía hablar con mis amigos en España para llenar ese vacío que había quedado en mi corazón desde que me separé de ellos.

Me encontraba en el pico más alto de esa curva de la felicidad, así que la única opción que me que-

161

daba era descender vertiginosamente, en picado hacia abajo. Mia recibió órdenes de marcharse urgentemente a una misión secreta, solo le dieron dos días de aviso para prepararlo todo e irse.

No me podía decir ni dónde, ni durante cuánto tiempo. Su fidelidad a su país pudo más que verme sufrir, y eso me hizo plantearme muchísimas cosas. ¿Qué clase de ser humano se separa de su pareja sin dar ningún tipo de explicación? Quizá para los americanos sea algo normal, pero para mí no lo era. Mia, después de tanto tiempo, tal vez pensaba que yo era una espía infiltrada trabajando para un grupo terrorista, si no no entiendo su comportamiento. Sé lo que es ser patriota y respetar las normas, pero mi pareja está por encima de todo. La seguí queriendo, pero todo cambió.

Tenía dos opciones: quedarme en Estados Unidos sola, esperando a Mia sin saber hasta cuándo, o dar un gran cambio a mi vida. Decidí hacer algo que siempre había soñado pero nunca había podido realizar por diferentes circunstancias de la vida: viajar a África como voluntaria. Supe de un proyecto que utilizaba el fútbol como herramienta para transmitir valores a los niños. Era exactamente lo que yo necesitaba: ¡Fútbol y niños! Me marché a África, a Uganda, durante un año.

Tenía claros mis objetivos: ayudar en todo lo possible y conocer de primera mano cuál era la situación de las mujeres y niñas allí. Estudié su cultura e idiosincrasia y me di cuenta de que era un país bastante peligroso. Bajo una república presidencialista se escondía una dictadura encubierta: los ciudadanos temían a su gobierno, que les dejaba morir de hambre, malaria y sida antes de hacer un uso responsable de los fondos que recibía de Europa y de Estados Unidos. Una pena que en el 2015 los niños siguieran muriendo de enfermedades que ya no deberían existir.

También me enteré de que la homosexualidad es un delito en Uganda. A los gays se les quema y a las jóvenes sospechosas de ser lesbianas se les aplican violaciones correctivas para que se den cuenta de que no lo son. Y a todo esto, el sexo se practica sin usar ninguna protección, ya que se cree que los condones impiden el placer sexual.

Cuando acepté el reto, realmente no sabía lo que me esperaba y fue bastante más duro de lo que me había imaginado. Mi destino era una aldea perdida a sesenta kilómetros de la capital, una distancia que aquí se hace en poco más de media hora pero que en África supone todo un mundo. Pasé miedo, me sentí sola, estuve enferma, me robaron e incluso intentaron secuestrarme. Aun así, no cambiaría lo que viví en África por nada. En ese deprimido y machista continente no ven con buenos ojos que una mujer blanca pretenda enseñarles nada y menos a jugar al fútbol. Te miran como a un alien enemigo recién salido de una nave espacial y dispuesto a arrasar con todo. Y no digamos si, además, tus alumnas están enfermas de sida; el resto de la gente no entiende cómo puedes relacionarte con ellas.

A finales de enero llegaba a Entebbe, Uganda, consciente de que iba a iniciar una aventura increíble y enriquecedora. Después de un largo vuelo que se me hizo eterno, ansiaba estar cuanto antes sobre tierra africana, conocer a mis niños e iniciar un nuevo proyecto de vida.

En Entebbe me recogió Davii, un voluntario local

que me llevó en coche al poblado de Kajjansi. A pesar de mi experiencia como piloto y de estar entrenada para situaciones de emergencia, nunca he pasado tanto miedo como en ese trayecto: motos con cuatro pasajeros, coches en nuestro carril en sentido contrario... había pocas señales de tráfico y las que había no servían de nada. Una multitud caminaba por la carretera o lo que se suponía que era una vía principal cargada con todo tipo de material, parecían hileras larguísimas de hormigas trabajando, afanadas, de un lugar a otro. Durante ese trayecto, una manada de búfalos cruzó la carretera delante de nosotros, aunque Davii se las apañó para esquivarlos; el camino embarrado debido a la lluvia de la noche anterior, nos dejó atrapados en el lodo, basculando peligrosamente sobre un costado... Aun así, finalmente, conseguimos llegar a nuestro destino, en un absoluto y terrorífico caos.

El caso es que en Uganda no hay transporte público desde que en 1986 tomó el poder el gobierno del presidente Yoweri Museveni, un tipo buscado por el Tribunal Internacional de La Haya que ha sido reelegido desde entonces en una serie de elecciones bastante irregulares. Según me contó Lubeg, un compañero de mi escuela, a Museveni no le gusta que nada ni nadie tenga más poder que él y si algo le molesta o le preocupa lo hace desaparecer, como ocurrió con las dos principales empresas de autobuses que eliminó, dejando a Uganda sin transporte público. Y al preguntarle a Lubeg sobre unas vías de tren que vi de camino a Kampala, me aseguró que jamás había visto pasar ningún tren por ellas. Entonces ¿cómo se desplazan los ciudadanos de Uganda? Hay diferentes opciones: caminar, ir en *boda boda* (moto) o coger un «taxi», unas furgonetas sin límite de pasajeros. Esos taxis, para nada recomendables, son vehículos viejísimos en los que se mete a cuanta más gente mejor, están llenos de hierros oxidados y no tienen cinturones de seguridad; respecto a las *boda boda*, lo primero que me dijeron fue: «nunca te subas a una». Son motos cuyos conductores son famosos por robar y asaltar sexualmente a sus clientes, no utilizan casco y el porcentaje de muerte por accidente de tráfico es muy alto. De modo que si no consigues un chófer de confianza para que te lleve a tu destino, caminar, a pesar de los riesgos, es la mejor opción que tienes.

Hablando con locales me explicaron un poco la cultura ugandesa y sus normas «sociales», cómo vestir con corrección para que los hombres no se sintieran atraídos por mí, como había pasado con otras voluntarias que habían sido violadas; no hablar con hombres a menos que ellos se dirigieran primero a mí...

Lo que no me contaron y descubrí poco después es la profunda corrupción que existe en este país. Me tocó vivirlo en primera persona cuando dos policías me pararon y me pidieron mi identificación ugandesa. Obviamente no la tenía porque estaba bastante claro que no era de allí. Insistieron en que debía tener una identificación del país y que si no era así, debería acompañarles a comisaría. Aunque podrían arreglar el embrollo, dijeron, a cambio de 80.000 chelines ugandeses (unos 25 euros aproximadamente). Pero el poco dinero del que disponía era para mis niños y me negué a darles ni un céntimo. Resolví la situación yo misma en un ataque de dignidad y quizás arriesgándome demasiado:

me despedí de ellos y seguí caminando sin mirar hacia atrás durante un buen rato por miedo a que me siguieran.

En otra ocasión, casi fui víctima de un secuestro o incluso algo más, al menos eso es lo que la policía nos dijo después. Estaba dentro de un «taxi» con otras dos voluntarias que había conocido y todo fue muy raro desde el principio. Era un vehículo para doce personas o más, y allí solo éramos seis: nosotras tres, el chófer y otros dos supuestos viajeros. Después de entrar nosotras, cerraron la puerta rápidamente y ya no dejaron subir a nadie más. Con todo el espacio del mundo, esos dos «viajeros» se sentaron cada uno a mi lado y de repente empezaron a discutir y llegaron a las manos. Yo intenté apartarme para no recibir ningún golpe y ese fue mi error, porque al instante, el conductor paró el coche e insistió en que debíamos bajarnos del taxi, no habíamos llegado a nuestra parada, no entendíamos nada pero fue todo un alivio. Bajamos pero mi intuición me dijo que algo no andaba bien. Efectivamente, me habían robado la cámara de fotos, lo que iba a ser mis ojos para el resto del mundo. Me sentía mal pero estaba resuelta a denunciar el robo e inocentemente con mis compañeras de viaje nos dirigimos a la comisaría. Otro error. Allí, un «detective» nos explicó que habíamos tenido mucha suerte, los tipos que nos habían recogido en el taxi formaban parte de una banda organizada que secuestraba a turistas y activistas e incluso nos podían haber matado si yo me hubiera dado cuenta de que me estaban robando. Sin embargo, no podían hacer nada sin antes recibir una ayuda económica que yo, por razones obvias, no quise darles.

166

Y

Tampoco entendí el día en que, estando yo dormida, asaltaron mi casa. La lluvia impidió que pudiera oír algo y tuve suerte porque estaba sola y podrían haberme hecho cualquier cosa. No era mi turno, tan solo destrozaron la casa. Llegué a pensar que el destino me estaba avisando: «Vete de aquí antes de que sea demasiado tarde». Pero no le hice caso. Me quedé hasta al final, con mucho miedo pero no me rendí.

Durante mi estancia en Uganda daba clases de español por las mañanas y cada tarde, desde las cuatro, entrenaba al fútbol a niños, niñas y mujeres. Las edades iban desde los tres a los sesenta y cinco años. Fue una experiencia dura y gratificante a la vez, que me abrió los ojos sobre cómo de delgado puede ser el hilo de la vida en África, con niños que mueren diariamente de sida o de fiebre tifoidea porque algo tan básico como el agua está contaminada. Allí le vi la cara más brutal a la miseria: niños bebiendo agua del suelo, andando descalzos por caminos sin asfaltar y jugando al fútbol sobre piedras con una pelota hecha con bolsas de plástico, papel o ropa vieja; niños que no tienen dónde dormir, qué comer o simplemente alguien que les quiera; niñas y mujeres enfermas de sida que son apartadas de la sociedad, culpadas por haber contraído una enfermedad terrible, sin medicación, buscándose la vida. Además, Uganda es un país muy complicado, formado por 54 tribus que hablan 56 lenguas diferentes, y la comunicación resulta bastante difícil fuera del terreno de juego. Pero el fútbol nos unió, hizo de todos nosotros un grupo compacto con un objetivo y se convirtió en un lenguaje común con el que expresarse.

El primer día de clase conocí a mis alumnos, niños y jóvenes la mayoría huérfanos que en seguida sintieron curiosidad hacia mí. Les llamaban la atención las palmas de mis manos, me tocaban los brazos y jugaban con mi vello. Desde el principio me llamaron Muzungu, persona blanca, y muy pronto me sentí arropada por ellos: aprendíamos juntos, compartíamos muchos momentos y comíamos lo mismo cada día: arroz con judías.

Debo reconocer que nunca me han gustado las judías y que en casa siempre que mi madre las hacía para comer ponía mala cara, pero al llegar allí era lo único que había y al final casi empezaron a gustarme. Y teníamos suerte porque conocí a algunas niñas y mujeres con VIH cuya única comida era el té. Reconozco que fui muy afortunada porque a pesar de que perdí bastantes kilos, podía comer dos veces al día e incluso en ocasiones disfrutaba de plátanos y piñas.

En Uganda la mayoría de la gente produce el alimento que consume y la agricultura es uno de los sectores más importantes del país. El plátano y todas sus variedades son la base de la cocina ugandesa. Lo comen frito, cocido, como fruta o incluso como bebida alcohólica, que llaman waragi. De hecho, el plato nacional de Uganda es el matoke, uno de los más antiguos del mundo, y cuenta la leyenda que fue traído a la tierra por Kintu, el primer hombre. Son plátanos verdes pelados y envueltos en las hojas de la propia planta, que se cuecen al vapor durante dos horas, se trituran y se sirven acompañados de arroz.

Yo pasé de tener todas las comodidades del primer mundo a vivir casi sin nada, pero había sido mi elección: no tenía luz e incluso a veces tampoco agua, lavaba la ropa a mano —mi abuela estaría orgullosísima de mí— y caminaba una hora y media cada día para ir a trabajar. Me costó muchísimo adaptarme al calor, al polvo de los caminos y a los malditos mosquitos que me atacaban sin piedad. A pesar de que dormía con una red y prácticamente me bañaba con repelente, parecía que en ese país los insectos tenían patente de corso para hacer con mi piel lo que quisieran. Al menos en ese aspecto me sentía segura, a diario tomaba mis pastillas contra la malaria para evitar ser infectada.

Ya sé que fue una temeridad viajar allí sola. Quizás alguien pueda pensar que soy una imprudente o, al contrario, una valiente. Ninguna de las dos cosas, solo me dejé llevar por mi corazón. Fue una experiencia muy dura por todo lo que vi y viví; cada segundo que pasaba allí me asaltaba el miedo, retaba al peligro que me miraba directamente a los ojos, pero tenía muy claro que había viajado hasta ese lugar con una misión y debía terminarla. Al principio de mi estancia en Uganda llegué a sentirme mal porque pensaba que les estaba dando a todos estos niños y niñas ilusiones falsas, pero pronto me di cuenta de que entrenar juntos les hacía un poquito más felices y fue lo que me llenó el corazón.

Los primeros días me sentía muy desubicada, no conocía la sociedad ugandesa, estaba perdida en un país lejano y hostil, y no fue nada fácil en un continente tan tradicional conseguir que las niñas jugaran al fútbol. Días después de mi llegada y tras

169

un montón de charlas con mis vecinos y otros profesores logré formar mi equipo de fútbol femenino. ¡Empezamos a entrenar el 8 de marzo, Día de la Mujer!

En Uganda, las niñas y las mujeres son tratadas como ciudadanos de segunda, siempre bajo el dominio de un varón. Las niñas no sueñan con qué les gustaría ser de mayores, su destino está decidido por sus familiares. Ellas no pueden opinar ni conocen otra vida, saben que van a ser vendidas como esclavas domésticas o como novias a algún hombre mucho mayor que ellas a cambio de ganado, dulces o solo un refresco. Si no les gusta su futuro marido y se niegan a estar con él, este tiene la opción de secuestrarlas hasta que accedan a casarse.

Me enorgullezco de poder decir que ahora muchas de ellas ya sueñan con ser futbolistas, pilotos de avión o profesoras de español. Tienen ilusión y esperanza, creen que pueden cambiar su destino y estoy satisfecha si, de alguna manera, les he transmitido un poco de fe. Ellos me han demostrado que la felicidad está en uno mismo y que la queja no es una opción en África.

En Uganda descubrí que el fútbol puede hacer mucho bien, tuve la suerte de conocer a las miembros de la Fundación Esperanza, un grupo de mujeres y adolescentes con VIH que luchan día a día para poder sobrevivir a esta horrible enfermedad. Me di cuenta de que en ese continente nada es fácil. Su lucha me animó. Yo ya entrenaba a dos equipos, uno de niños y otro de niñas y pensé: «¿Por qué no un tercer equipo?» En Europa somos muy futboleros y seguro que cuando conozcan su historia, la gente se volcará con estas mujeres para que tengan, al menos, acceso a medicamentos. Así fue, les propuse entrenar conmigo y aceptaron contentísimas, aunque estoy casi segura de que no fue por el fútbol en sí sino por el hecho de conocer a alguien que no huyera de ellas ni las quisiera agredir por estar enfermas. Tener sida en Uganda significa tener que ocultarse, evitar que nadie lo sepa por miedo a represalias y a ser apartadas de la sociedad. Para ellas, jugar en un equipo lo significó todo: compañerismo, diversión, motivación... en definitiva, felicidad. Marcar un gol era algo increíble y lo celebraban de la única manera que sabían: bailando. Mis jugadoras llevaban el ritmo tatuado en su ADN. Era su forma de expresarse. De vez en cuando, alguna de ellas trataba de enseñarme la danza típica ugandesa llamada Mazina Magadan, pero por mucho que lo intentaba mis caderas eran incapaces de moverse al mismo ritmo que las suyas. Y ellas reían y reían al ver mis torpes intentos.

171

Entrenábamos en una especie de colina que siempre acababa llena de hombres que observaban entre extrañados, divertidos y algo molestos como una *muzungu* jugaba al fútbol junto a un grupo de mujeres descalzas y enfermas. Creo que rompía por completo sus esquemas. Ellos lo consideran un deporte de hombres y siempre, al terminar el entrenamiento, me gritaban amenazantes: «*Mzungu, you're a man!*» (¡Blanca, tú eres un hombre!).

Cada día mi corazón parecía un tiovivo, iba de la tristeza a la ilusión y a la felicidad sin transiciones. Me generaba mucho dolor ver a los niños trabajando como adultos en el campo o recogiendo agua contaminada en la calle para beber, pero de pronto me regalaban una sonrisa inesperada o veía la ilusión en sus caras porque les había conseguido un balón para jugar al fútbol y mi estado de ánimo cambiaba. ¡Hasta me prepararon una fiesta de cumpleaños! Eran mi refugio, los abrazaba y se me olvidaba todo. Cuando estaba sola pensaba en Mia. ¿Dónde estaría? ¿Qué haría? Quería hablar con ella y contarle todo lo que estaba viviendo. Pero ¿cómo? En Kajjansi no había internet y su teléfono siempre estaba apagado. Menos mal que podía comunicarme con mis amigas para desahogarme y escuchar cómo me pedían por favor que volviera a casa cuanto antes. Al final decidí que no conseguía nada positivo contándoles las miserias que veía cada día, las hacía sufrir y no tenían por qué. Por eso decidí darles el mismo tratamiento que a mi madre: ocultarles información que no necesitaban saber.

172   Uno de los días más especiales de mi estancia en Uganda fue cuando les entregué a mis alumnos sus cuatro balones de fútbol y sus cuatro conos. Habían jugado siempre con pelotas hechas de bolsas de plástico o ropa. No tardaban nada en hacerlas, en cinco minutos las tenían listas para jugar toda una tarde. Con el nuevo material empezamos a mejorar de forma evidente; ya sabían que el balón no se tocaba con las manos, que había que trabajar en equipo y confiar en el compañero fuera un chico o una chica… y siguieron aprendiendo qué era un fuera de juego o un saque de banda. Hasta los estiramientos los hacíamos en castellano, la única lengua que teníamos en común. Eso sí, sin agua, descalzos y a más de cuarenta grados, aún no comprendo cómo podían hacerlo y no desfallecían en el intento.

A veces pienso que en el primer mundo nos quejamos siempre por todo y ponemos demasiadas ex-

cusas para no tener que esforzarnos, por eso deberíamos tomar ejemplo de estos niños que no tienen
nada pero trabajan durísimo para lograr sus objetivos, aunque solo sean ganar un partido de fútbol en
un poblado perdido de África. Su ilusión es el motor
que los convierte en unos héroes para mí.

Pero a los momentos de alegría siempre les siguen otros de profunda tristeza. Y estos llegaban
siempre cuando veía el trato que recibían los niños
en la escuela por parte de los maestros nativos. Allí
se les golpea con lo que se tenga a mano, ya sea una
vara, una piedra o una silla. Le pregunté a Eriko, el
director del colegio, qué opinaba sobre los castigos
físicos y me salió con una respuesta de lo más inesperada: me contó que los blancos habían llegado a
Uganda queriendo imponer su cultura, primero los
derechos humanos, luego los derechos de las mujeres, más tarde los derechos de los niños y por último, lo que faltaba, los derechos de los animales.
«Ya no puedes coger un pollo por el cuello porque
resulta que los animales también tienen sentimientos. Nuestra cultura es otra», me dijo. Según su ra-
zonamiento, no pegan porque sí, sino para que
aprendan. Por ejemplo, me contó, «si un niño llega
tarde a la escuela se le golpea en las piernas para que
entienda que tiene que correr más para llegar a
tiempo; si un niño escribe mal, se le pega en las manos para que cuando vaya a escribir preste más
atención. Es una forma para recordar que tienen
que portarse bien».

No me gustaban sus argumentos y siempre que
podía me rebelaba. Cuando veía que pegaban a un
alumno siempre intentaba detenerles y los niños
alucinaban porque nunca nadie había intentado im-

173

PATRICIA CAMPOS DOMÉNECH

pedir que les azotaran en la escuela, para ellos era muy normal y lo vivían como algo cotidiano. Espero que ahora todavía se acuerden de que las palizas y puñetazos no sirven de nada.

Recuerdo con emoción a esos mismos niños regalándome dibujos y poemas. En el colegio no había lápices de colores y utilizaban un bolígrafo azul que llevaban a todas partes, hasta a los entrenamientos, por miedo a que se lo robaran. Dibujaban España, África, aviones, balones de fútbol, a mí misma con unos vestidos preciosos, incluso escribían palabras en español que habían aprendido ese día. Los dibujos me ayudaban a comprenderles mejor y para ellos era una forma de expresarse. Natasha, una niña de trece años con VIH, me entregó un papel y me dijo: «Esto es para ti. Es un poema de lo que es el sida. De cómo es vivir día a día con esta enfermedad. Hay gente que fuma y se va matando poco a poco y yo que quiero vivir, voy a morir. Es injusto». En ese momento me sentí como si hubieran abierto un enorme agujero bajo mis pies, no supe qué decir, me dio vértigo escucharla y le estaré eternamente agradecida por su poema. Una grandiosa lección de vida.

En abril llegó la temporada de lluvias, lo cual era un alivio porque al menos no estaba siempre cubierta de polvo —a veces se hacía incluso difícil respirar—, pero el agua también trajo una mala noticia: todos los occidentales del país recibimos la advertencia de un inminente ataque terrorista del grupo somalí Al Shabaab. Uganda apoyaba a Estados Unidos en Somalia contra los terroristas y estos amenazaron con atentar contra la población no musulmana de Uganda. La gente de mi escuela me aconsejó que regresara a España hasta que se normalizara la situación, pero decidí quedarme. Había algo dentro de mí que me decía que nada ni nadie podía hacerme daño. Por supuesto, estaba totalmente equivocada. Porque algo tan sencillo como el agua estuvo a punto de acabar conmigo. Conocía las consecuencias de beber agua contaminada por compañeros del colegio que lo habían sufrido. Brian, un maestro de la escuela, me explicó que la fiebre tifoidea se transmite por el agua o la comida y ataca a los intestinos. Además, un conocido, Vincent, también me comentó que afecta al cerebro y piensas que la cabeza te va a estallar.

En el colegio hervíamos el agua antes de beberla pero lo hacíamos a ojo, sin esperar a veces la temperatura adecuada para que mueran todas las bacterias, de modo que el riesgo seguía existiendo. Y llegó mi turno. Después de un entrenamiento y ya en casa, me sentí mal y me engañé a mí misma diciéndome que no era nada, solo el cansancio debido a las altas temperaturas. A los pocos minutos me subió la fiebre, tenía la sensación, como me dijo Vincent, de que mi cabeza iba a estallar y comenzaron los vómitos. Así estuve durante unos cuatro días. Lo pasé realmente mal y hubo algún momento en el que por mi cabeza pasaba la idea de volver a casa, pero de inmediato caía en la cuenta de que podía tener algo contagioso. No era una buena idea, tampoco iba a permitir que eso, fuera lo que fuese, me impidiera continuar con la misión que me había llevado a África.

Estaba segura de que no era malaria porque tomaba mis pastillas y usaba continuamente repelente de insectos, aunque eso no evitaba el contagio al cien por cien; el sida lo podía descartar por completo porque al contrario que los ugandeses no creo que todos los homosexuales tengan VIH. Es curiosa la información que tienen sobre este tema, están seguros de que el sida llegó a Uganda a causa de un experimento que realizaron los americanos. También culpan a las mujeres de que, después de ser violadas, quieren contagiar la enfermedad a todos los demás. Creen a rajatabla todo lo que dicen sus políticos, pastores y «brujos», y piensan que la mejor forma de no contagiarse es practicando la abstinencia; los preservativos están censurados por la iglesia y además, según me explicaron, el sexo con condones no es placentero para los hombres. Por si esto fuera poco, cuando ya están infectados acuden a sus «brujos» para que les saquen la enfermedad del cuerpo, porque piensan que han sido maldecidos por algún conocido. Descartando malaria y sida, solo me quedaba la fiebre tifoidea. Había leído que la bacteria que causa esta enfermedad se encuentra en la comida y en el agua contaminada, así que podía ser cualquiera de las dos. Tenía todos los síntomas: fiebre, diarrea, vómitos… y mucha desesperación. No sabía dónde ir ni qué hacer. No había médicos ni hospitales. Así pasaron los días… Decidí salir de casa y que me diera un poco el aire pero de inmediato cambié de opinión. Mis niñas con sida no tenían defensas y para ellas cualquier cosa podía ser mortal.

Al final, hice lo que siempre había hecho durante toda mi vida: mentalizarme de que no estaba enferma y seguir adelante. Creo que si mentalmente te animas y te sientes mejor, empiezas a recuperarte más pronto. Funcionó y me recuperé.

Continué con mi rutina, tentando la suerte. Me

176

habían hablado muchísimo de un «profeta» llamado Malande y de sus habilidades. Podía curar toda clase de enfermedades, sacar el demonio de tu cuerpo, lanzar una maldición contra alguien e incluso hacerte millonario. Por supuesto, todo a cambio de una gran suma de dinero. El profeta Malande vivía como una celebridad: guardaespaldas, seguidores, lujos… Al principio me pareció una buena idea asistir a uno de sus espectáculos, quería saber cómo se las apañaba para convencer a toda esa gente que podía hacer milagros. Y me daba pena pensar en todas esas pobres personas que le regalaban lo poco que tenían a cambio de una falsa esperanza.

Le pedí a un amigo ugandés, Mussa, que me acompañara a la ciudad para asistir a una sesión del profeta Malande. Al llegar allí me encontré en un almacén enorme, en cuya puerta había dos miembros de seguridad que me obligaron a dejar mi mochila allí, pues estaba prohibido hacer fotos o cualquier tipo de grabación. Entramos y estaba completamente lleno. Había dos salas enormes: en la primera, los enfermos esperaban sentados la llegada del profeta y todos los asistentes llevaban una cartulina de color azul en la que se podía leer su nombre y la enfermedad que padecían y un pequeño sobre en blanco para depositar sus donaciones. En la segunda sala, el resto de enfermos veía por unas grandes pantallas de televisión cómo el profeta milagrosamente los curaba a todos.

Me dirigí a uno de los organizadores y le pedí saludar al profeta personalmente, me contestó que solo recibía visitas privadas los sábados, previa donación económica para su obra. De inmediato hizo una llamada por medio de un *walky* y me dijo que le siguiera, me di la vuelta buscando a Mussa y ya no lo vi. Me llevaron a la sala principal, donde los enfermos más graves estaban en primera fila tumbados en el suelo mientras el resto permanecían sentados detrás de ellos. Había una orquesta esperando a que llegara el profeta para empezar a tocar. Desconozco el motivo, pero me sentaron en primera fila y me dijeron que no hablara con nadie, si tenía alguna pregunta debía hacérsela a algún miembro del *staff*. A los pocos segundos, se sentó una chica a mi lado y me dijo que ella respondería a todas mis dudas.

Había gente de todas las edades y de todas partes de África, cada uno con un problema diferente: salud, dinero, amor, maldiciones. La mayoría eran asiduos a este lugar, debían ir cada semana y aportar su donación si querían continuar con su buena racha. Era como una especie de chantaje: «Si no pagas enfermarás otra vez...».

Estaba preocupada por Mussa, quizá se había perdido. Me levanté para buscarlo y mi acompañante insistió en que ellos lo encontrarían por mí. ¿Cómo iban a encontrar a alguien que ni siquiera sabían quién era? Yo lo vi todo muy raro. Me di cuenta de que probablemente estaba atrapada y empecé a sentirme incómoda. Después de unos minutos, la orquesta comenzó a tocar y el profeta apareció seguido de tres guardaespaldas y dos cámaras que grababan todos sus movimientos. Al verlo, la gente se puso de pie y enloqueció.

—¡Aleluya, Alelluya! —gritaban mientras Malande cogía el micrófono.

Le acercaron la Biblia y leyó unos cuantos versículos mientras una intérprete los traducía a diferentes lenguas. Estaba realmente sorprendida, en un país donde la gente moría de hambre, aparecía este señor con un traje elegantísimo, guardaespaldas, cámaras de televisión, orquesta y todo para embaucar a esta pobre gente que de verdad creía en él.

Después de un sermón en el que hablaba de su conexión con Dios y de sus poderes, el *show* comenzó. La chica que me acompañaba me dijo que me levantara y la siguiera. Nos colocamos solo a unos pasos del profeta, yo no sabía qué pensar, una parte de mí quería estar ahí para poder observar sus trucos más de cerca, otra quería salir corriendo tan pronto como fuera posible.

La primera persona que yacía tumbada en el suelo era una joven no mayor de veinte años que supuestamente no podía caminar. Le pidió que cogiera su pierna mientras decía:

179

—Ahora yo tampoco puedo caminar. Dios, transfiéreme tus poderes de sanación para que esta mujer pueda caminar.

La joven poco a poco se fue levantando y como en un pasaje del Nuevo Testamento, comenzó a caminar tan contenta que incluso se puso a bailar. Malande se acercó a ella y le entregó 100 dólares. No me pude aguantar y le pregunté a mi acompañante:

—¿Por qué dólares y no chelines ugandeses?

Indignada ante mi pregunta, contestó:

—Nunca cuestiones al profeta.

Siguieron las curaciones milagrosas y según mis cálculos acabó regalando unos mil dólares a todos esos supuestos enfermos. De vez en cuando, el profeta se dirigía al público y preguntaba:

—¿Alguien duda de mis poderes?

Me moría de ganas de decirle todo lo que pensaba

pero pude contenerme. Quería irme, ya había visto suficiente. Mi intuición me decía que no me iban a dejar marchar de allí tan fácilmente, así que le dije a mi acompañante que necesitaba ir al servicio, pero me explicó que no era posible porque al profeta no le gustaría. Intenté calmarme y pensar, estaba sola, sabía que a las malas, tenía todas las de perder.

Dejé pasar unos minutos e insistí:

—Voy al servicio, ahora vuelvo.

Sin darle tiempo a reaccionar caminé hacia los baños. De reojo pude ver que venía detrás de mí acelerando el paso y de repente, alguien me agarró y tiró de mí.

—Por aquí, date prisa —dijo Mussa.

—¡Mi mochila!

—No hay tiempo para eso, vámonos.

Un conocido de Mussa nos abrió una pequeña puerta y salimos de allí. Según me explicó, le dijeron que me había ido pero mientras se dirigía a la salida, me vio en una de las pantallas de televisión y supo que algo no iba bien.

Fui hasta allí movida por la curiosidad y me llevé una buena sorpresa al ver cómo el supuesto profeta timaba a todas esas personas. Seguramente los organizadores vieron en mí a un enemigo o al menos a alguien capaz de denunciar sus prácticas de modo que quisieron retenerme hasta estar seguros de que no diría nada. Por fortuna pude escabullirme antes de que intentaran convencerme.

Mia. Necesitaba saber de ella, ya habían pasado un par de meses. Pensé en Sarah, una amiga militar de la marina de Estados Unidos que quizá pudiera ayudarme. Me puse en contacto con ella y me dijo que tampoco tenía noticias. Me envió un link de la página web de la Armada americana donde aparece la lista de los fallecidos en combate para que viera si Mia estaba en ella. Mi corazón latía con fuerza, jamás pensé que podía pasarle algo así. En ese mismo momento empecé a sentir calor, agobio, una sensación de que caía en un agujero y no podía respirar, luchaba con todas mis fuerzas pero mi cuerpo se caía y el calor era agobiante, enfermizo. Me encontraba sola, frente a frente con la muerte. No tuve el suficiente valor de abrir la página. Le pedí a Sarah que lo hiciera por mí.

Ahora sí, volví a creer en Dios:

—No, por favor… ella no —le pedí.

La espera se me hizo eterna. Mis emociones empezaban a descontrolarse y eso no me gustaba. Me levantaba, me sentaba, me cubría la cara con las manos… cerré los ojos y pude vislumbrar a Mia bailando como ella lo hacía, acurrucada a mi lado en nuestro sofá… sus manos…

—No está en la lista —me confirmó la voz de Sarah.

Levanté la cabeza y miré al cielo:

—Gracias…

Nunca había sentido algo así. Me parece sobrenatural el poder de la mente. Solo con mi propia imaginación había sido capaz de perturbar todos mis sentidos, yo solita me había hecho sufrir como nadie lo había hecho antes. Todavía con el corazón encogido, me acosté en la cama. Necesitaba oír su voz, acariciar su piel, sentirla a mi lado; la echaba tanto de menos… Yo era la única que podía conseguir estar más cerca de ella, así que cerré los ojos y

181

dibujé su silueta en mi mente, una figura difuminada que poco a poco se acercaba a mí, lentamente se acostaba a mi lado y me susurraba: «Ya estoy aquí, cariño…». Su voz penetró en mí como un cosquilleo que avivó todo mi cuerpo. Giré la cabeza hacia ella y busqué sus labios con mis dedos, abrí los ojos y la besé, me miró sonriendo fijando sus ojos en mi cuerpo y se dio la vuelta.

Sabía lo que me estaba pidiendo. No lo dudé, me puse sobre ella. Mis labios se deslizaban por su espalda, mis besos eran cada vez más intensos. La deseaba con todas mis fuerzas. Mia no se movía, seguía mi juego; al parecer yo tenía el control, pero después de unos segundos, mientras mis manos se deslizaban por su cuerpo, sentí como su piel se electrizaba con cada roce de la yema de mis dedos en su espalda, que se iba poniendo cada vez más rígida. Oía su respiración agitada que era copia de la mía. Mis caderas se movían al ritmo de las suyas, mis caricias eran cada vez más atrevidas. Con una mano le acariciaba los pezones y con la otra mano le masajeaba el clítoris, que era mi centro de atención. Quería que este momento no se acabara nunca pero no pude aguantar más…

—Quédate conmigo…

Alrededor de medianoche una intensa lluvia me despertó. Era la tempestad que me acompañaba la mayoría de las noches y me costó volver a dormir, estaba inquieta. Quizá me sentía culpable por disfrutar de mí misma. Muchas mujeres en Uganda no podían hacerlo, siendo unas niñas su cultura les arrancó el clítoris. Algunas tribus creen que así se reduce la promiscuidad de las mujeres casadas, para otras es un requisito indispensable para poder casarse. El ritual de la ablación consiste en cortar el clítoris y parte de los labios vaginales, luego coser toda la zona y dejar una mínima abertura para orinar. Lukia Nakigudde, una joven vendedora de plátanos de veinticuatro años, me contó su historia. Al empezar a hablar sus ojos se humedecieron, al terminar los míos también:

—Solo tenía once años y mi madre me dijo que saliera de casa, donde había dos mujeres mayores esperándome. Me pidieron que me tumbara en el suelo. Estaba tranquila porque no sabía lo que iba a pasar, era tan solo una niña. Una de las mujeres me abrió las piernas, mientras mi madre y la otra mujer me sujetaban. Con un cuchillo me lo cortó todo: labios y clítoris. Lloré y sangré y sentí dolor, mucho dolor… Estuve a punto de morir desangrada, tuve varias infecciones y tres años después cuando quedé embarazada perdí a mi bebé.

Solo de escucharla me entró un malestar general, creo que me estaba mareando… Lukia continuó:

—Entre nuestra gente no se cree que el clítoris sea un órgano. Es solo algo que está ahí y que tiene que desaparecer porque la mujer debe someterse al hombre, sin experimentar placer. Él es quien debe tenerlo. Es una más de las marcas dolorosas del cuerpo de las mujeres.

Me senté encima de una piedra y cerré los ojos. Lukia se acercó a mí.

—¿Estás bien? —preguntó.

No le pude contestar, intenté contener mis lágrimas pero solo podía llorar, me cubrí la cara con las manos pero las lágrimas no pararon de brotar ante la imagen de otra atrocidad. Mi mente había superado su límite, había visto demasiadas tristezas, mi

183

fuerte corazón se había deformado de tanto sufrimiento y había dicho basta.

Ahora Lukia es madre de tres hijos pero se ha negado a practicar con sus niñas esta horrenda tradición: «Si Dios no quisiera que tuviéramos clítoris, ¿por qué nos lo dio?».

Al trato vejatorio de la ablación hay que añadirle el hecho de que muchas mujeres han sufrido algún episodio de violencia de género o una violación y suelen tener más de cuatro hijos. No cuentan con ningún tipo de supervisión sanitaria y en muchos casos dan a luz en casa, sin electricidad ni agua potable. Como Judith Tendo, una chica de unos veinte años que me contaba que algunos maridos no dejan a sus mujeres salir de casa para visitar a un doctor.

Estaba claro que ser mujer en ese país no era lo más ideal. Yo no era lo que se diría el prototipo de la mujer africana; siempre que conocía a alguien nuevo, tanto si era un hombre como una mujer, me sometían a un cuestionario de tres preguntas básicas: la primera, si estaba casada. La siguiente era por qué no estaba casada. Yo les explicaba que de donde vengo no es necesario casarse y tener hijos, eso es una elección libre y personal. Recuerdo a Fred, el dueño de una pequeña tienda cerca de mi escuela que, como todos los demás, me miró sorprendido y me lanzó una frase que nunca olvidaré:

—Admiro tus habilidades de supervivencia.

Para ellos, una mujer necesitaba a un hombre para poder sobrevivir. Independientemente de que luego su marido nunca esté en casa, tenga otra esposa, la golpee y no aporte absolutamente nada positivo a la relación.

La tercera pregunta era cuántos hijos tenía. Yo

les decía que ninguno. Eso les rompía todos sus esquemas, no podían entender como una mujer podía no estar casada y con hijos. Fred tenía veinticuatro años y cinco hijos con mujeres diferentes. En Uganda, tener muchos hijos es símbolo de poder y fuerza dentro de la comunidad.

Y allí estaba yo, siendo mujer y de nuevo ocultando mi propia identidad. Algo que me había prometido a mí misma que no volvería a pasar. Me preguntaba qué era peor en ese lugar: ser mujer o ser homosexual. O, como en mi caso, las dos cosas. Me preocupaba que alguien sospechara que yo era gay porque ser homosexual en Uganda es un delito que se castiga con cadena perpetua o la muerte. Declararse como tal en Uganda significa jugarse la vida: a los gays se les quema vivos, y a las lesbianas se les aplican violaciones correctivas, es decir, son violadas entre tres o cuatro hombres para que se den cuenta de que realmente no lo son.

El gobierno hace unos años dictó la ley Mata-Gais. Contempla la pena de muerte para lo que consideran homosexualidad agravada o reincidente, y la cadena perpetua para todo aquel que haya sido sorprendido teniendo relaciones sexuales con alguien de su mismo sexo. Además, esta ley afecta a todo el mundo, de modo que si tienes sospechas de que alguien es gay, lo debes denunciar o te enfrentas a una pena de tres años de cárcel. Además, el gobierno cuenta con unos pastores conocidos como los Reverendos del Odio que fomentan la homofobia, explican a sus fieles que la homosexualidad es una adicción, que los gays son dañinos para la sociedad, e incitan a la gente a actuar por su cuenta para acabar con esta plaga, como ellos lo llaman. No es difícil convencer a una población con un 45% de analfabetos y que no se cuestiona los mensajes de sus líderes políticos o religiosos. En 2013, la policía ugandesa arrestaba a todos los blancos que visitaban Uganda, porque pensaban que todos eran homosexuales.

Estaba tan sorprendida por su forma de pensar que siempre que tenía la ocasión me gustaba preguntar a los conocidos por estos temas; pensaba que exponiendo mi punto de vista podría hacerles cambiar su visión de las cosas.

Una tarde, de regreso a casa, me encontré a mi amigo Aziz, que me explicó muy serio que nosotros los occidentales considerábamos a los homosexuales como las víctimas pero que en realidad no era así. Los blancos les daban mucho dinero para que convencieran a los africanos de que se hicieran homosexuales. No me lo podía creer. Le di un montón de razones que echaban por tierra su argumento pero no sirvió de nada. Le vi tan convencido que al final deseé que no contara a la policía que yo era gay o les apoyaba, porque aunque él no conocía mis tendencias sexuales sí podía incriminarme. No me podía imaginar encerrada en una cárcel africana.

Seguí mi camino, intentando averiguar cómo hay gente capaz de convencer a otros de que los homosexuales son como el demonio y hay que acabar con ellos. Es una pena que puedan manipular así a una gente tan maravillosa solo porque han tenido la desgracia de nacer en un país sin recursos, donde no tienen acceso a la educación, a la sanidad y nadie se preocupa por ellos. Tienen sueños como nosotros y también creen en un futuro mejor. Como mi vecina

Betty que quería montar una peluquería y dejó de estudiar a los siete años para ayudar a su familia. Cuando me despedí de ella estaba ahorrando y cree que en 2020 podrá cumplir su sueño. Uno de sus amigos, Braian, de veintidós años, quiere tener mucho dinero y vivir rodeado de él, puede parecer extraño en un país en el que apenas se puede sobrevivir. A algunos de mis niños les gustaría llegar a ser futbolistas profesionales, como Aivan, un chaval de trece años que asegura que quiere estar entre los mejores futbolistas del planeta. En cualquier caso, mi sueño para ellos es que tengan algo tan básico como comida, agua potable, educación y medicamentos suficientes para todos.

De camino a casa había una pequeña tienda con un ordenador para conectarse a internet. Un día decidí entrar y probar suerte, quizá Mia me había dejado algún mensaje. Con mucha paciencia y frustración logré conectarme, abrí mi correo y allí estaba ella.

187

Mi amor, espero que estés bien. Me fue imposible contactar contigo. He estado durante meses en una misión muy dura. Sé que eres fuerte y estarás bien. Aquí he vivido la realidad de las heridas, de la sangre y de la muerte, han pasado a formar parte de mi conciencia. Busco una justificación para seguir aquí. Necesito saber que el horror de haber matado fue por una buena causa. No se han encontrado armas de destrucción masiva. Ahora se inventan otras razones, como luchar por la democracia y la libertad de este país. Mientras, la gente no tiene ningún derecho y la pobreza explota en cada rincón de este lugar. Es una guerra sucia motivada por dinero y pagada con la sangre de miles de seres humanos y con el sufrimiento de nuestras familias. Sigo sin encontrar una buena razón para ir a un país extraño para matar o que te maten. La muerte y la inutilidad de la guerra me han concedido un respeto absoluto por la vida y por el amor.

Love you, Mia.

Me di cuenta de que las dos estábamos sufriendo el horror en diferentes puntos del planeta. Quizá la distancia nos separaba pero lo que estábamos viviendo nos hacía estar más cerca la una de la otra. Estaba segura de que estos recuerdos nos marcarían para siempre, tan solo podíamos continuar hacia delante y, como mis niños, creer en un futuro mejor para todos. Quizá la distancia nos impedía abrazarnos pero no sentirnos.

El último día en Uganda fue muy triste para mí, no sabría explicarlo, era una mezcla de sentimientos: de alegría por el trabajo hecho y de tristeza porque tenía que despedirme de ellos. Creo que dejé una parte de mi corazón en aquella escuela, con mis niños y niñas. Jugamos nuestro último partido. Los miraba a los ojos, con insistencia, sabiendo que a algunos de ellos sería la última vez que los vería. Intenté saborear cada momento de ese día. Éramos unas cien personas en el campo y era casi imposible jugar, algunos de los niños que hasta ese momento habían sido solo espectadores también saltaron la cancha para jugar con nosotros. Y pude chutar mi último penalti en África, pero esta vez no había un portero sino cien.

Regresé a casa, aunque mi mente estaba en Uganda. Desde el primer momento eché de menos todo lo vivido y a todas las personas que conocí. Todo me ahogaba, hasta que veía pasar por mi pensamiento sus caras. Lo que viví me hizo darle sentido a mi vida. No era la misma persona que se marchó, volvía a casa con la sensación de que me quedaba mucho por aprender. Durante esos meses tuve miedo, me ilusioné, bailé, sufrí junto a ellos y fui muy feliz. Me di cuenta de que en ese tiempo había vivido la vida de verdad. Había conocido lo peor del ser humano, lo que podemos llegar a hacer por necesidad, y lo mejor, la capacidad que tenemos de superar todas las dificultades. Mis niños me demostraron que sin ropa, sin zapatos, sin comida, sin agua, incluso bailando con la muerte todos los días... se puede ser infinitamente feliz. Yo les enseñé a soñar y a volar, aunque a veces pareciera imposible.

Debo reconocer que, a pesar de mis temores, la experiencia africana me enganchó y ahora solo estoy pensando en regresar, en ver a mis niños y niñas, en cómo conseguir fondos para nuevos proyectos y en cómo hacerlo mejor la próxima vez.

Me queda la esperanza de que dentro de unos años algunos de ellos se acuerden de una mujer blanca que les enseñó a jugar al fútbol y les daba clases de español. Una mujer que pese a todo les empujaba a soñar en grande y a que no se rindieran. Alguien que les explicó en qué consisten los derechos humanos y la libertad, y que les demostró que las mujeres también somos seres humanos con derecho a vivir nuestra propia vida.

África me cambió. Mi cuerpo dejó de ser solo mío. Juraría que había nacido hacía tiempo, pero no era así. Aparecí allí y la lluvia me transformó. Ellos fueron la primera cara que vi y creo que había estado ciega hasta que les conocí. No sé exactamente dónde había estado hasta entonces, lo único que sabía es dónde quería ir y me preguntaba si algún día podría volver a casa de nuevo. Este es el primer día de mi vida. Ya no podré olvidarlos, y los querré sin verlos.

Este libro utiliza el tipo Aldus, que toma su nombre
del vanguardista impresor del Renacimiento
italiano Aldus Manutius. Hermann Zapf
diseñó el tipo Aldus para la imprenta
Stempel en 1954, como una réplica
más ligera y elegante del
popular tipo
Palatino

***

**

*

Tierra, mar y aire
se acabó de imprimir
un día de primavera de 2016,
en los talleres gráficos de Liberdúplex, s.l.u.
Crta. BV-2249, km 7,4, Pol. Ind. Torrentfondo
Sant Llorenç d'Hortons (Barcelona)

***

**

*